幼儿园课程资源开发与利用丛书

丛书主编　钱月琴

民间游戏

主　编　沈艳凤　秦秀娟　孙伟青

苏州大学出版社

图书在版编目(CIP)数据

民间游戏／沈艳凤,秦秀娟,孙伟青主编. ——苏州：苏州大学出版社,2023.6(2023.9重印)
(幼儿园课程资源开发与利用丛书／钱月琴主编)
ISBN 978-7-5672-4418-4

Ⅰ.①民… Ⅱ.①沈… ②秦… ③孙… Ⅲ.①游戏课－教学研究－学前教育 Ⅳ.①G613.7

中国国家版本馆 CIP 数据核字(2023)第 095666 号

书　　　名：	民间游戏 MINJIAN YOUXI
主　　编：	沈艳凤　秦秀娟　孙伟青
责任编辑：	谢金海
助理编辑：	刘琛瑶
策　　划：	谢金海
出版发行：	苏州大学出版社(Soochow University Press)
社　　址：	苏州市十梓街 1 号　邮编：215006
印　　刷：	苏州市古得堡数码印刷有限公司
邮购热线：	0512-67480030
销售热线：	0512-67481020
开　　本：	889 mm×1 194 mm　1/20　印张：6.5　字数：129 千
版　　次：	2023 年 6 月第 1 版
印　　次：	2023 年 9 月第 2 次印刷
书　　号：	ISBN 978-7-5672-4418-4
定　　价：	58.00 元

若有印装错误,本社负责调换
苏州大学出版社营销部　电话：0512-67481020
苏州大学出版社网址　http://www.sudapress.com
苏州大学出版社邮箱　sdcbs@suda.edu.cn

民间游戏

"幼儿园课程资源开发与利用丛书"
编委会

顾　问　张春霞

主　任　季小峰

副主任　周　萍　顾忆红

编　委（按姓氏笔画排序）

　　　　王亚红　王惠芬　吕淑萍　朱　静　孙文侃
　　　　吴小勤　沈　红　沈方勤　沈艳凤　张　琼
　　　　张利妹　陈小平　陈秋英　胡　娟　莫美华
　　　　钱明娟　徐　桢　徐国芬

序

吴江区高度重视学前教育的发展。长期以来，吴江区学前教育工作者注重抓内涵、提质量，在幼儿园课程建设方面做了很多扎实有效的工作。

江苏省实施课程游戏化项目以来，吴江区学前教育工作者努力进行课程游戏化的区域推进，为课程游戏化提供了示范，吴江区涌现出了许多高质量课程建设的典型。尤其是在资源深度挖掘和利用方面，很多幼儿园强化课程意识和资源意识，增强目标意识和效率意识，深入挖掘和利用本地课程资源，努力将资源优势转化为经验优势，形成了课程资源开发和利用的吴江经验。

吴江是一个具有深厚文化历史底蕴的地方，名人、遗迹、名胜不胜枚举，具有鲜明江南特色的古镇和村落，丰厚肥沃的土地，孕育了万千生命和厚重的文化。对于如何挖掘和利用吴江的自然与文化资源，吴江的老师们进行了积极的探索和创新。他们从幼儿身心发展规律出发，深入分析本地各类资源对儿童发展的价值，形成了一系列资源开发和利用的途径与策略，让幼儿在多样化的活动中感受文化、体验文化、理解文化、表达文化和创新文化。丰富的幼儿园课程内容，充实了儿童的生活，增进了儿童的体验和情感，增强了儿童的操作和表现能力。

这套丛书是吴江区各幼儿园从不同的资源出发，深入研究儿童的需要和兴趣，系统开展多种形式的活动，充分利用儿童的多种感官，有效促进儿童对文化的了解、理解和表达，不断丰富和充实儿童经验的实践成果。相信这套丛书一定能给幼儿园课程建设提供有益的经验和启示，一定能为学前教育质量的提升做出贡献。

南京师范大学教育科学学院教授、博士生导师

2023 年 5 月

民间游戏

前 言

莼鲈之香正十年

秋风斜阳鲈正肥，扁舟系岸不忍去。

吴江位于苏浙沪两省一市的地理交界处，是"鱼米之乡""丝绸之府"，有古镇、蚕桑、运河……历史悠久，资源丰富。

十余年来，吴江学前教育坚持以"贯彻落实《3—6岁儿童学习与发展指南》精神，开展幼儿园生活化游戏化课程建设"为抓手，区域性全面推进、全类覆盖、全员参与课程游戏化项目区实践。"区域推进不是要求区域统一，本质是让幼儿园各尽其能，充分调动每一位教师的专业才智，充分利用一切空间和资源，最大限度地发挥对儿童发展的支持和促进作用，从而提升教育质量。"（虞永平）十余年间，吴江幼教人通过改造环境、优化课程、专家引领、提升师资、追随儿童、科学评价等策略，营造了良好的学前教育生态，从"幼有所育"走向"幼有优育"。

吴江区各幼儿园从资源入手积极探索"资源—活动—经验"的实践路径，通过梳理、分析本园资源，建构课程资源地图，制作课程资源清单，开展多样化教育活动，尝试建设适合本园的课程，积累了大量的一手资料，于是就有了这套"幼儿园课程资源开发与利用丛书"。

本套丛书不仅是吴江区各幼儿园在课程建设中开发利用本园周围的资源，开拓儿童课程源泉，促进儿童全面发展的生动实例，还是凝聚着全区"学前教育发展共同体"踔厉奋发、笃行不怠的成长足迹和探究精神的宝贵财富。在这套丛书里，你可能会看到因为年轻而存在的稚气，但更会看到因为年轻而勃发的对教育的追求和活力。

  本套丛书有以下三个特点：一是实践性，每类资源的开发和活动的组织都是幼儿园实践过的；二是操作性，幼儿园提供了某资源开发和利用的理念、路径、方法和具体的活动，可以为同行提供范例和借鉴；三是普适性，这套丛书涉及的资源都是日常生活中普遍存在的、与幼儿生活密切相关的。本套丛书共有十三个分册，每个分册都是从资源介绍、开发理念、资源清单、基本路径、活动列举、课程计划、方案设计、活动叙事八个方面来编写的。虽然这些都是一线教师的实践积累，但在理念上可能尚有偏颇，在实践中可能存在需要改进的地方，不足之处敬请专家和同行提出宝贵意见，以便让这套书不断完善。

  十年磨一剑，蓄势再扬帆。在未来十年，乃至更长一段时间，吴江区学前教育会继续与时俱进，勇立潮头，办出更多老百姓家门口的高质量幼儿园。

丛书编委会

2023 年 5 月

民间游戏

目 录

资源介绍 /1

开发理念 /3

资源清单 /5

基本路径 /8

活动列举 /11

课程计划

　学期课程计划 /23
　主题活动计划 /27

方案设计

　主题活动方案 /32

　　民间游戏博览会（中班） /32

　　一、区域活动　游览民间游戏馆 /32
　　二、集体活动　什么是开幕式 /35
　　三、生活环节渗透　队列练习 /36
　　四、区域活动　设计游戏节 /38
　　五、集体活动　热闹的开幕式 /40
　　六、区域活动　金锁银锁 /42
　　七、生活环节渗透　油豆腐甩四角 /43
　　八、集体活动　有趣的七巧板 /44
　　九、集体活动　挑花线中的"降落伞" /46

十、区域活动　挑花线　/ 48

十一、区域活动　东南西北　/ 51

十二、集体活动　万花筒　/ 53

十三、生活环节渗透　丢手绢　/ 55

十四、区域活动　有趣的剪纸　/ 56

十五、调查活动　我喜欢的民间游戏　/ 57

十六、集体活动　我们要办民间游戏博览会　/ 58

十七、收集活动　游戏材料大搜集　/ 60

十八、生活环节渗透　规划游戏博览会场地　/ 61

十九、区域活动　设计游戏地图　/ 62

二十、劳动活动　布置博览会　/ 63

二十一、实践活动　我们的博览会　/ 64

二十二、生活环节渗透　一起来过游戏节　/ 65

二十三、区域活动　为小达人喝彩　/ 66

二十四、集体活动　博览会大分享　/ 68

二十五、调查活动　最受欢迎的民间游戏　/ 69

主题回顾与反思　/ 71

系列活动方案　/ 72

炒毛豆（小班）　/ 72

一、集体活动　炒毛豆　/ 72

二、生活环节渗透　翻身小妙招　/ 74

三、区域活动　毛豆爱翻身　/ 76

四、集体活动　炒一个大毛豆　/ 77

跳大绳（大班）　/ 78

一、调查活动　我们都会跳绳啦　/ 78

二、区域活动　好玩的跳大绳　/ 80

三、集体活动　勇敢向前冲　/ 81

四、集体活动　跳大绳的我们　/ 83

五、收集活动　有用的绳子　/ 86

单个活动方案

一、集体活动　一只老虎一只猫（小班）　/ 87

二、集体活动　赛龙舟（中班）　/ 89

三、区域活动　拍花箩（大班）　/ 91

四、调查活动　跳房子（大班）　/ 93

活动叙事

我是陀螺小达人　/ 95

一起编花篮　/ 107

后　记　/ 121

资源介绍

民间游戏指流传于广大民众生活中的嬉戏娱乐活动，俗称"玩耍"，是由劳动人民自发创编，反映中华民族共有的、习尚的行为、思维、感情和交流模式的游戏活动。民间游戏作为优秀传统文化的一种，被幼儿园视为课程资源是很自然的事情。

横扇幼儿园地处碧波浩渺的太湖东南岸，隶属于苏州市吴江区下辖的横扇街道。横扇紧邻太湖，辖区内河湖纵横，美丽富饶，汇聚着吴越文化。当地人还保留着打连厢、赶庙会等传统活动，在家庭生活中，老人还会和孩子一起玩"挑花线""捉七籽""藏猫猫"等民间游戏。

游戏是幼儿的基本活动，是幼儿发展的需要。民间游戏是一代一代儿童在成长中自发创造出来的、能满足他们发展需要的活动。民间游戏富有浓郁的地方特色和民族特点，同一种游戏因地域不同，其形式与玩法各异。

在课程游戏化改革的背景下，幼儿园需要丰富的游戏资料，也需要在民间游戏中汲取游戏精神的养分，以唤醒幼儿园教职工以及家长那已沉睡的童年记忆，让游戏成为成人走进儿童精神世界的桥梁。

民间游戏的分类多种多样，从功能上分，有室内生活游戏、庭院活动游戏、智慧游戏、助兴游戏；根据活动特点，有选人和分队游戏、猜人与捉迷藏游戏、捉人与追逐游戏、玩手与全身活动游戏、玩脚与全身活动游戏，等等。横扇幼儿园经过近二十年对民间游戏的持续研究，通过收集、开发与创新，积累了170种适合幼儿心理特征和发展需求的具有民间游戏特性的游戏活动。幼儿园将民间游戏分为器物游戏和肢体游戏两大类，根据所借助的器物不同，又分为纸类游戏、线绳类游戏、竹木类游戏、布艺类游戏和其他类游戏。这些民间游戏渗透到幼儿生活及课程中，形成了幼儿园的特色课程，取得了一定的研究成果。

民间游戏

开发理念

丰富多彩的民间游戏是一颗璀璨的明珠，凝聚了劳动人民无穷的智慧。横扇幼儿园地处太湖之滨，江南水乡优越的人文环境给予了幼儿教育丰富的物质资源和人文资源。民间游戏蕴涵丰富的教育价值，值得学前教育工作者进行更深入的挖掘开发。

践行"活教育"理念

我国著名儿童教育家陈鹤琴先生说过，"大自然、大社会是我们的活教材"。民间游戏是劳动人民创造出来，由一代一代人传承下来的。民间游戏大多数来源于人们的生活与生产劳动，所使用的器具大多是日常生活中常见的物品，或就地取材，或稍加改造。通过收集民间游戏充实幼儿园的各项活动，使幼儿有了更多接触社会的可能。幼儿玩民间游戏需要在生活中取材，在游戏的过程中了解自身、父辈及祖辈的生活。幼儿在游戏中体验生活，在不同的季节玩不同的游戏，例如春季"放风筝""踢毽子"，夏季"赛龙舟"。幼儿园环境创设所提供的玩具、材料、工具等都来源于生活。游戏过程中，幼儿能够与生活建立起多元的联结，例如，午饭后与同伴一起"挑花线""叠手绢"，户外活动时，一起"捉虫""斗草"，幼儿将游戏与生活无缝对接，生活与游戏相互融合，从而感受到生活的自由、自主、愉悦。民间游戏变化多端，有传承更有创新，同一种玩具可以玩出不同的花样，同一个游戏可以有许多玩法，这也体现了陈鹤琴先生的"活教育"理念，民间游戏让幼儿园的活动"活"起来。

课程游戏化精神的落地

课程游戏化强调的是让幼儿园的活动充满游戏精神，让幼儿感受到"自由、自主、愉悦、创造"。

课程游戏化的落地依赖于教师教育观念的转变,要求教师对于游戏有更深刻、更广泛的认识;对于幼儿在游戏中的成长有新的发现,让幼儿不仅是游戏者,更是探索者、创造者。课程游戏化的落地还依赖于幼儿园丰富的课程资源,民间游戏作为课程资源可以丰富幼儿园的课程内容、提升课程的多样性。

满足幼儿游戏的需要

幼儿的学习特点是"直接感知、实际操作、亲身体验",游戏是幼儿园最基本的活动方式。民间游戏之所以源远流长,关键在于它能带给孩子无穷的乐趣,幼儿长时间投入其中,可以体验到游戏带来的愉悦。例如,在"翻洋片"游戏中,幼儿通过主动探究,可感受到力的大小、方向和产生力的方式。一个"翻洋片"高手对于游戏的精通程度可以纯熟到令成人叹服,引来同伴的赞叹。丰富多彩的民间游戏,让每一个幼儿有机会成为某一类游戏的高手,体验到成功的快乐。

资源清单

民间游戏资源的运用，需要幼儿园在传承中不断发展，激活游戏的自我更新机制，使民间游戏焕发出内在的智慧活力。在开发与运用民间游戏资源时，既要考虑本地区的，也要适当引进各地具有影响力的游戏。在民间游戏的实践运用中，既要顾及原生态的，也要顾及幼儿园里师幼共同创新的游戏。

地域性是民间游戏的一个特征。每个地方都有特色的民间游戏，但各地的民间游戏随着信息时代的到来相互交融，地域性特征反而不再明显。随着地域性特征逐渐弱化，幼儿园可利用的民间游戏范围扩大。编者绘制民间游戏资源图时，将在幼儿园收集的、运用的游戏进行分类，通过饼图的制作，将幼儿园运用各类游戏的占比情况显现出来。

民间游戏种类繁多，结合本土化、适龄性和教育性三大原则，横扇幼儿园对已运用的民间游戏做了进一步的整理。这些民间游戏大多数是根据收集到的游戏进行改造与创新后形成的，例如"摇小船"游戏，其具体玩法经过改编后简单了一些，小班幼儿也能参与，与原游戏相配的童谣《摇

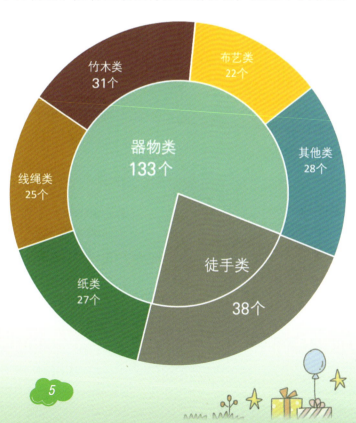

《啊摇》也被二次创作,改编过程中去除了幼儿不理解和不适合现在生活的内容,增加了幼儿感兴趣的内容。同时,也有部分民间游戏是保持其原汁原味的,例如"挑花线""跳绳"等等。

为了便于课程资源的实际运用,幼儿园按民间游戏活动中是否使用到器材将其分为两个大类,即器物类和徒手类。器物类民间游戏是需要借助一定的材料才能玩的游戏,例如"七巧板"游戏要用特定的七巧板玩具,滚铁环游戏要用特制的铁环和铁钩,也可以用塑料滚环套装材料。徒手类民间游戏是不需要借助任何材料或玩具就能玩的游戏,例如"石头、剪刀、布""猜中指""切西瓜"等等,只要借助肢体语言就可以玩。

为细化分类,幼儿园根据玩民间游戏时所用器材的主体材料的性质,将器物类民间游戏分为纸类、线绳类、竹木类、布艺类和其他类这五个类别。民间游戏的分类方法有很多,如果按参加游戏的人数来分的话可以分单人、双人、三人及多人游戏。在整理资源清单时,编者也考虑了这一分类因素,在同一类游戏排列时,以参与人数从少到多的方式进行排列。随着民间游戏的发展,游戏的玩法以及所属特性也在不断变化之中,这些分类也需要不断进行调整和完善。具体游戏分类详见资源清单(表1)。

表1 资源清单

器物类					徒手类
纸类	线绳类	竹木类	布艺类	其他类	
1. 放风筝	1. 挑花线	1. 挑小棒	1. 兔耳朵	1. 滚铁环	1. 迷迷转
2. 摔方宝	2. 编手链	2. 七巧板	2. 小老鼠	2. 打弹珠	2. 木头人
3. 翻洋片	3. 搓草绳	3. 啪啦子枪	3. 两人三足	3. 踢毽子	3. 顶牛
4. 东南西北	4. 编尾巴	4. 打水枪	4. 捉迷藏	4. 转铜钱	4. 拉钩儿
5. 甩炮	5. 鸭蛋袋	5. 竹节人	5. 系红绸	5. 射铜板	5. 炒毛豆
6. 小飞机	6. 纺线	6. 蜻蜓飞飞	6. 丢手绢	6. 投骰子	6. 拍大麦
7. 小手枪	7. 打电话	7. 吹泡泡	7. 大沙袋	7. 翻麻将	7. 背萝卜
8. 纸风车	8. 织布忙	8. 投壶	8. 降落伞	8. 配对子	8. 跨大步
9. 螺旋式风车	9. 龟兔赛跑	9. 射箭	9. 捉七子	9. 骨牌	9. 娃娃推小车

续表

器物类					徒手类
纸类	线绳类	竹木类	布艺类	其他类	
10. 跳跳蛙	10. 提线木偶	10. 骑竹马	10. 布娃娃	10. 猜哪头	10. 踏水车
11. 漂纸船	11. 钥匙扣	11. 独轮推车	11. 小香囊	11. 打水漂	11. 斗鸡
12. 纸陀螺	12. 跳小绳	12. 踩高跷	12. 扎染	12. 玩泥巴	12. 摇小船
13. 抽乌龟	13. 牵绳	13. 赶小猪	13. 草木染	13. 斗草	13. 架大炮
14. 小偷上房	14. 跳大绳	14. 玩花球	14. 搭帐篷	14. 拓印	14. 掰手腕
15. 老鼠进笼	15. 踩小蛇	15. 梅花桩	15. 大吊床	15. 压干花	15. 三人套圈
16. 拉花	16. 油豆腐甩四角	16. 套圈圈	16. 布袋戏法	16. 做书签	16. 手影戏
17. 编花篮	17. 揪尾巴	17. 打陀螺	17. 披风侠	17. 炒蚬子	17. 猜中指
18. 顶纸	18. 拔河	18. 打弹弓	18. 布贴画	18. 拈蚬子	18. 蹲蹲孵鸡
19. 转纸杯	19. 穿越火线	19. 抖空竹	19. 袋鼠跳袋	19. 比大小	19. 剪刀石头布（分手和脚）
20. 书扯书	20. 卷炮仗	20. 抬轿子	20. 夹包	20. 蚬子壳棋	20. 编花篮
21. 报纸滚车轮	21. 跳高	21. 打连厢	21. 提包	21. 粘粘手掌	21. 吹泡泡
22. 水中纸花开	22. 跳皮筋	22. 跳竹竿	22. 砍包	22. 跳房子	22. 切西瓜
23. 旋转彩条	23. 拈皮筋	23. 拨浪鼓		23. 踢房子	23. 网小鱼
24. 比纸环	24. 挑皮筋	24. 打竹板		24. 不倒翁	24. 踩影子
25. 巨人脚	25. 橡皮筋钉板	25. 竹地龙		25. 转花筒	25. 荷花荷花几月开
26. 包糖果		26. 跷跷板		26. 染指甲	26. 老狼老狼几点钟
27. 贴五官		27. 木琴		27. 击鼓传花	27. 拍山墙
		28. 金箍棒		28. 挖地道	28. 挤油渣
		29. 红缨枪			29. 龙头龙尾
		30. 抢椅子			30. 赛龙舟
		31. 荡秋千			31. 贴烧饼
					32. 找朋友
					33. 拔萝卜
					34. 金锁银锁
					35. 跳山羊
					36. 躲猫猫
					37. 老鼠笼
					38. 钻山洞

备注：红字部分游戏所涉及的童谣（31首）
　　《放风筝》《小风车》《跳绳歌》《采蘑菇》《蹲蹲孵鸡》《竹蜻蜓》《赶小猪》《打陀螺》《打弹弓》《捉七子》《滚铁环》《打弹珠》《踢毽子》《迷迷转》《木头人》《炒毛豆》《拍大麦》《摇啊摇》《大花轿》《编花篮》《吹泡泡》《切西瓜》《网小鱼》《踩影子》《荷花荷花几月开》《老狼老狼几点钟》《龙头龙尾》《找朋友》《拔萝卜》《金锁银锁》《老鼠笼》

基本路径

民间游戏资源的运用，不是将收集的民间游戏简单地运用到幼儿园中，而是要充分理解民间游戏，运用民间游戏中蕴含的教育智慧进行教育创新，在幼儿游戏中发现问题并创造性地解决问题。在资源运用路径的梳理中，关注幼儿学习民间游戏到玩转民间游戏的过程，即"玩游戏—分享游戏—延伸游戏"的路径；更加关注幼儿在游戏中的探究行为，即"探究—寻解—验证—延伸"的路径。两条路径不一定是彼此独立的关系，很有可能是相互交叉的关系，例如在第一条路径中，幼儿在分享环节有可能会出现"探究"行为，教师在尊重幼儿兴趣的前提下，进行活动价值的判断，可能会进入到第二条路径。民间游戏综合性强，同一民间传统游戏能够与各类教育活动实现多维转换，形成"合力"，教师通过对儿童活动中经验的关注与理解，深入挖掘民间游戏的课程创新价值，创造性地展现民间游戏蕴含的文化经验，可以实现民间游戏的"活化"：让幼儿成为民间游戏的传承人。

从玩游戏到获得经验

大多数民间游戏起源于劳动人民的日常生活与劳作，儿童游戏也主要来源于儿童自己的生活和成人的生活，游戏本身与生活息息相关，而开展民间游戏需要儿童生活经验的参与，只有民间游戏与儿童生活联系起来，儿童才有可能产生有价值的问题。例如在大班"打陀螺"主题活动中，儿童玩了各类的陀螺后，联想生活中观察到的各类旋转现象，才可能提出"怎样制作一个转得又快又稳的陀螺？""为什么陀螺会停下来？"等问题。

了解儿童已有的生活经验，需要教师细致观察、耐心陪伴，多与儿童沟通，在儿童的日常生活中发现儿童关心的各类问题。儿童之所以产生疑问，是因为对事物或者事件有了一定的相关经验，但这些相关经验与目前正在经历、体验的事物或事件有所冲突，而这正是教育契机。儿童在生活中

民间游戏

发现问题，老师能够关注到，并能和儿童一起梳理这些问题，找出其中的症结，促进儿童"跳一跳摘苹果"的最近发展区的发展。儿童的学习与他们的已有经验有密切的联系。教师对儿童已有经验的了解和分析越充分，对儿童活动所做的计划就越适宜。

从问题探究到获得经验

儿童的学习方式有别于成人，他们解决问题需要依托动手操作，而难以通过安静的思考来实现。如果问题本身不够具体，不能让幼儿通过动手操作来解决，这样的问题便难以引发幼儿的探究。在探究性的主题活动中，教师要做的是脱离"自我中心"，站在儿童的立场，发现儿童的内在需求，找到儿童关切的问题，这样才能够激发儿童的探究热情。发现儿童那些具有适度挑战性、与具体生活情景相结合的问题，鼓励和引导他们的探究行为。在探究过程中，教师引导儿童收集和整理信息。例如在探究陀螺时，教师引导儿童有目的地观察旋转的现象，记录陀螺的旋转时长，通过对不同陀螺旋转时长的对比、统计找出事物的关联等。收集和整理信息对于儿童来说不仅是为了解决问题，还是很好的学习过程，具有重要的发展价值。通过这样的活动，儿童将更加乐于探索问题，逐渐学习系统地处理信息，愿意与同伴或成人沟通、讨论，进而解决问题。

课程是由一个个活动组成的，丰富多样、深度关联的资源持续不断进入课程中，儿童必将获得连续、完整的经验。儿童的经验源自真实的体验，游戏活动就是儿童的学习途径，在这个过程中儿童完成了"资源"到"活动"再到"经验"的转化，当然这样的路径不是直线形的，而是错综复杂的，从"资源"转化为"活动"时，有幼儿生活"经验"的参与，从"活动"转化为"经验"时，有更多的"资源"加入其中。在活动告一段落时，教师对活动过程中儿童建构的经验进行梳理，揭示儿童经验变化的历程，以便更准确地把握活动推进与儿童经验建构之间的关系，从而优化活动的实施。

民间游戏引发活动的路径

初识—练习—熟练—展示 →

基于游戏的发展

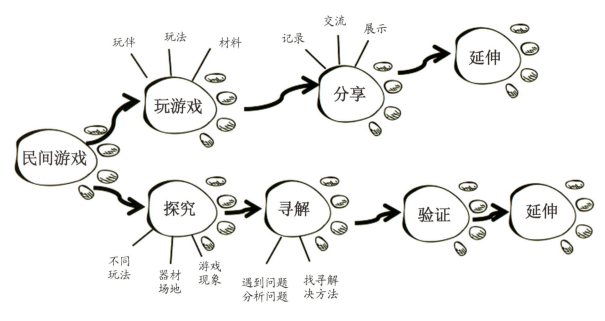

整合课程内容 →

幼儿探究、发问、寻解贯穿整个活动过程

活动列举

在民间游戏课程实践过程中，应遵循"以儿童为本"的教育理念，将自由、自主、愉悦、创造的游戏精神作为民间游戏传承的立足点，关注幼儿的兴趣和需要，拓展民间游戏课程实施的途径，组织民间游戏活动，促进从"课程资源"到"儿童经验"的有效转化，帮助儿童实现全面和谐发展。

民间游戏主题活动

参照《3—6岁儿童学习与发展指南》（以下简称《指南》）各领域发展目标，以幼儿感兴趣的民间游戏为切入口，以问题探究为导向，以游戏为基本形式，以教学、生活、社会实践等多样化活动为途径，整合和利用民间游戏课程资源，开展预设和生成相结合的主题活动。主题活动的开发与实施将民间游戏作为主题引发的因素以及主题内容来源的主要渠道，突破了民间游戏散点式运用于课程的形式。民间游戏主题活动是一种综合的活动，有的偏向于数学领域，如"七巧板"主题活动涉及数量、图形、分类、规律等等，有的偏向于社会交往，如"推小车"主题活动涉及合作、竞赛。

民间游戏系列活动

幼儿在玩民间游戏的过程中，往往会遇到各种各样的状况，例如在"炒毛豆"游戏中会因为两人不会合作导致翻不过来，教师应根据幼儿的兴趣，帮助幼儿筛选有价值的问题，并引导幼儿围绕问题，展开一系列的探索活动。

民间游戏单个活动

民间游戏以一个个单独的游戏活动进入幼儿园的每日生活之中。"跳绳""跳房子""滚铁环"等民间游戏适合运用到体育教学活动和户外活动中,而"拍花箩""七巧板"等则适合运用到班级区域活动中。多年的课程开发与运用中,幼儿园积累了许多民间游戏渗透到一日生活各环节的成功案例,形成了多种多样的民间游戏单个活动。具体的活动类别与名称可参考活动列举(表2)。

表2 活动列举

活动类别	活动名称	领域	关键经验	年龄班	实施途径				
					教学	区域	生活环节	运动	实践
主题	玩具总动员(25)	社会、科学、语言	1. 喜欢玩具,愿意与同伴分享自己喜欢的玩具。 2. 了解玩具的不同种类、材质和玩法,能用语言、图画等方式描述玩具最明显的特征(外形、颜色、功能、材质)。 3. 愿意收集和展示家中长辈小时候的玩具,了解他们与玩具之间的故事。 4. 参与园内民间游戏节,了解各种民间玩具及游戏,感受民间游戏的快乐	小班	集体活动、小组活动、个别活动	科学区、语言区、美工区、建构区、表演区	入园、劳动、散步	晨练、户外体育活动	民间游戏节开幕式

续表

活动类别	活动名称	领域	关键经验	年龄班	实施途径					
					教学	区域	生活环节	运动	实践
主题	百草园里拍花箩（21）	语言、科学、艺术	1. 感知周围的植物是多种多样的，能辨别植物的基本外显特征（颜色、大小和形状等），知道花朵和种子的关系。 2. 能口齿清晰地念《拍花箩》等童谣。 3. 会用多种不同的方式（如印、染等）保留花草的颜色、形状，喜欢用艺术形式表现春天	小班	集体活动、小组活动、个别活动	晨练、户外体育活动	美工区、语言区、科学区、益智区	入园、劳动、散步	亲子活动
	小虫虫玩游戏（15）	科学、语言	1. 能对昆虫进行基本的比较（外形、运动方式），知道它们有不同的习性和生活方式。 2. 收集捕捉虫子的工具，对寻找虫子感兴趣，有初步了解虫子生长习性的经验。 3. 愿意分享、讲述自己发现与探究虫子和它们特点的过程。 4. 愿意参与饲养活动，感知和发现虫子生长发育、繁殖和死亡的过程	小班	集体活动、小组活动、个别活动	科学区、美工区、自然区、语言区、益智区、表演区	入园、散步	晨练、户外体育活动	找虫子

续表

活动类别	活动名称	领域	关键经验	年龄班	实施途径				
					教学	区域	生活环节	运动	实践
主题	民间游戏博览会（25）	社会、语言、健康、艺术	1. 知道民间游戏的多样性，愿意挑战不同难度的民间游戏。 2. 能与同伴合作布置民间游戏节的场地，有承担民间游戏博览会的任务意识。 3. 能掌握跑、跳、钻、爬等民间游戏的基本运动技能和拼、折等多种精细动作。 4. 了解展览的意义，知道生活中有各种各样的展览，能用绘画、手工等方式表现自己的看法	中班	集体活动、小组活动、个别活动	语言区、美工区、科学区、益智区、角色区	入园、餐点、劳动、散步	晨练、户外体育活动	游戏节开幕、布置博览会、游戏博览会
	拔萝卜（25）	科学、语言、社会	1. 认识萝卜，能根据萝卜叶子、茎辨别红萝卜、白萝卜和胡萝卜，知道生活中有各种各样的萝卜。 2. 能利用多种工具拔、挖、运萝卜，在收获萝卜的过程中，会进行萝卜数量的统计并用图画或符号进行记录、描述。 3. 能用说、演、画等多种形式表现《拔萝卜》故事内容，创编故事情节，主动表达自己的想法。 4. 主动参与萝卜美食的制作，知道萝卜具有丰富的营养价值	中班	集体活动、小组活动、个别活动	科学区、美工区、语言区、表演区	入园、盥洗、餐点、劳动、散步	晨练、户外体育活动	收获萝卜、制作美食

续表

活动类别	活动名称	领域	关键经验	年龄班	实施途径				
					教学	区域	生活环节	运动	实践
主题	壳出精彩（25）	科学、艺术、社会	1. 认识各种各样的壳，感知壳的多样性。 2. 会玩粘蚬子、炒蚬子等民间游戏，对探究壳类游戏的各种玩法感兴趣。 3. 会运用各种方法对蚌壳、蚬壳等进行装饰，具有一定的艺术审美能力。 4. 能够在生活中发现更多关于"壳"的事物，具有旧物利用的环保意识	中班	集体活动、小组活动、个别活动	科学区、美工区、益智区、角色区	入园、盥洗、餐点、劳动、散步	晨练、户外体育活动	收集各种各样的壳
	陀螺转转转（27）	科学、艺术	1. 收集陀螺、认识陀螺，会玩各种不同的陀螺。 2. 在玩陀螺、做陀螺的过程中发现陀螺旋转的奥秘。 3. 愿意和同伴一起探究陀螺的新玩法，并能通过图表、数字、语言等进行分享和描述。 4. 知道生活中有很多旋转的现象，了解旋转和生活的关系	大班	集体活动、小组活动、个别活动	科学区、语言区、益智区、表演区	入园、劳动、散步	晨练、户外体育活动	收集各种会旋转的事物

续表

活动类别	活动名称	领域	关键经验	年龄班	实施途径				
					教学	区域	生活环节	运动	实践
主题	民游小达人（25）	社会、艺术、健康、科学	1. 参与民游小达人活动策划，具有发现问题和解决问题的能力。 2. 愿意从参加班级挑战到参加年级组挑战，在层层挑战中形成一定的耐挫力及自豪感。 3. 能在园内外展示自己拿手的民游项目，传播民间游戏文化。 4. 能运用多种表现形式记录、描述参赛的过程和心路历程	大班	集体活动、小组活动、个别活动	美工区、益智区、科学区、建构区、语言区	入园、餐点、劳动、散步	晨练、户外体育活动	参加达人赛
	编花篮里的大世界（24）	科学、艺术	1. 能与同伴顺利进行编花篮游戏。 2. 喜欢编织游戏，了解交叉编织的方法。 3. 探索运用各种材料进行编织。 4. 感受和发现春天的变化，并运用各种方式表达	大班	集体活动、小组活动、个别活动	美工区、科学区、益智区、角色区、语言区	入园、餐点、劳动、散步	晨练、户外体育活动	收集编织物、办展

续表

活动类别	活动名称	领域	关键经验	年龄班	实施途径				
					教学	区域	生活环节	运动	实践
系列	炒毛豆（4）	健康、语言、科学	1. 会用方言念诵儿歌《炒毛豆》，能准确说出"炒""翻"的发音。 2. 能两两合作完成"翻身"的动作，掌握"翻"的要领。 3. 会借助器械或游戏材料两两合作或多人合作进行炒毛豆游戏	小班	集体活动	—	入园	晨练、户外体育活动	—
	摇小船（5）	健康、语言	1. 能边念方言童谣《摇小船》边与同伴合作进行游戏。 2. 能利用收集的布、袋子、丝巾等进行摇小船游戏，对摇小船游戏感兴趣。 3. 知道"小船"在光滑的地面上滑得快，在粗糙的地面上滑得慢	小班	小组活动	语言区	—	晨练	亲子摇小船
	放风筝（1）	科学、艺术	1. 知道生活中有各种各样的风筝，了解风筝的构造。 2. 知道风力、风向、风筝材料、技能等都是影响风筝放飞的因素。 3. 了解风是有方向和力度的，会用多种工具和材料探究风的力量，对科学常识感兴趣	中班	小组活动	科学区	散步	远足	放风筝

17

续表

活动类别	活动名称	领域	关键经验	年龄班	实施途径				
					教学	区域	生活环节	运动	实践
系列	踩高跷（5）	健康、艺术	1. 认识各种高跷的种类及其构造，会根据高跷的材质、高矮等进行分类整理。 2. 掌握踩高跷的技能，对踩高跷传统游戏兴趣浓厚。 3. 掌握自制高跷的方法，会穿孔打结的技巧。 4. 能与同伴讨论踩高跷的比赛规则，制订比赛计划书，布置比赛场地。 5. 能与同伴分享踩高跷游戏的精彩活动与经验	中班	小组活动	美工区	入园	晨练	高跷比赛
	跳大绳（5）	健康、科学	1. 能掌握跳大绳的基本技能，敢于自主跳入绳圈。 2. 会根据人数的多少选择合适的绳子进行游戏，掌握正确的抢绳方法。 3. 认识生活中不同的绳子，了解绳子的多种用途。 4. 会创新跳大绳的游戏玩法	大班	集体活动	—	—	晨练、户外体育活动	调查活动、收集各种各样的绳子
	推小车（4）	健康、社会	1. 会两两合作进行推小车游戏，在游戏中知道自我保护的方法。 2. 能自由寻找合适的游戏伙伴，并愿意与同伴采取一定的方式增加默契度与合作能力。 3. 愿意尝试多种游戏方式来锻炼身体的力量	大班	小组活动	科学区	劳动	晨练	—

续表

活动类别	活动名称	领域	关键经验	年龄班	实施途径				
					教学	区域	生活环节	运动	实践
单个	一只老虎一只猫（1）	健康、语言	1. 能单脚连续向前跳2米。 2. 会念方言童谣《一只老虎一只猫》	小班	集体活动	—	—	—	—
	赛龙舟（1）	数学	1. 知道10以内的序数。 2. 能从不同的方向正确指出某一物体在序列中的位置	中班	集体活动	—	—	—	—
	拍花箩（1）	语言	1. 会念童谣《拍花箩》，对童谣中一问一答的句式感兴趣。 2. 会结合生活现象模仿创编句子，能注意到量词的使用和节奏的对称	大班	—	语言区	—	—	—
	跳皮筋（1）	健康	1. 会念童谣《马兰花》。 2. 会用双脚撑皮筋。 3. 掌握单脚跳皮筋的基本方法	大班	集体活动	—	—	跳皮筋	—
	十月十（1）	语言	1. 会用方言念童谣《十月十》。 2. 会根据调查内容进行采访和收集信息	大班	—	—	—	—	调查活动
	七巧板（1）	数学	1. 知道七巧板中各图形的名称。 2. 理解图形整体和部分之间的组合关系。 3. 进行图形拼搭时，有意识地预期旋转和翻转的结果	大班	集体活动	—	—	—	—
	跳房子（1）	健康	1. 会转身跳、跑跳、单双脚交替行进跳等跳跃方法。 2. 能与同伴合作使用材料拼搭房子	大班	集体活动	—	—	—	—

注：括号中的数字表示活动个数。

课程计划

在多年的课程建设研究中，幼儿园以《幼儿园渗透式领域课程》为蓝本，将民间游戏及其他资源引发的活动逐步替代蓝本主题，建构园本课程。目前，园本主题活动已大部分替代了蓝本主题。其中，民间游戏引发的主题活动有"民间游戏节"下的涉及小、中、大班的"玩具总动员""民间游戏博览会""民间游戏小达人"，还有以民间游戏引发探究的"炒毛豆""赛龙舟"等多个主题。另外，民间游戏以单个活动、系列活动渗透到主题活动或其他非主题活动中。经过多年的园本课程建设，幼儿园形成了具有特色的小、中、大三个年龄段不同的课程组织样式，其中，小班在主题背景下，主要以区域活动为主开展活动，淡化主题痕迹；中班主要以主题活动作为课程的主要组织方式；大班主要以事件活动为主开展主题课程。学期课程计划、主题活动详见表3至表8。

小班课程

小班上学期，课程内容注重以幼儿自身为中心，逐渐向其周围熟悉的物品、环境过渡，主要围绕"幼儿自身"，由"我自己"要上幼儿园、玩游戏、玩玩具等引发话题。下学期从"我自己"感受到的新年到爱看的图画书，再到幼儿园里好玩的花草树木、小昆虫，以"我自己"熟悉的生活、游戏、物品和环境为话题，以幼儿园度过的有趣的节日收尾。在小班的主题活动中，有民间游戏资源引发的主题活动如"玩具总动员""炒毛豆""百草园里拍花笺"。而更多的民间游戏是以单个活动进入其他主题活动，例如"冬天不怕冷"主题中，教师会和幼儿一起玩"揪尾巴""跳房子"等运动量较大的民间游戏。

中班课程

根据幼儿的发展特点，中班课程的组织注重主题与主题之间的联系，主题也是基于幼儿兴趣点、经验点，结合季节、节日等来设置产生的。中班课程中，我们开展了"探秘幼儿园""树叶儿飞""民游博览会""百草园的丰收"等主题活动。中班主题侧重于引导幼儿进一步了解其生活的环境，第一个主题"探秘幼儿园"帮助幼儿深入了解幼儿园，感受季节的变化，通过主题活动的开展，结合幼儿自己的观察、对比，幼儿会对春夏秋冬以及四季交替产生更深理解。通过"民游博览会""红红火火的年"等主题活动对幼儿园开展的各类民间游戏以及与游戏相关的民俗文化、劳动生产等产生初步的感受和认识。中班的九个主题活动有三个是民间游戏资源引发的，同时，民间游戏渗透到班级的各个区域，成为班级区域活动的主要内容之一，例如幼儿在益智区进行七巧板的拼搭，在科学区进行万花筒、不倒翁的探究等。

大班课程

大班课程主要以一个个事件来组织，围绕一个个核心事件开展一系列的活动，幼儿围绕事件不断解决问题、完成任务。在围绕每一个事件组织课程活动时，最后都有一个重要部分，即以具有生活情境性的生活实习场作为该课程活动结束的高潮部分，这也意味着以该事件为核心的主题活动告一段落，下一个主题即将开始。如"民间游戏小达人"主题活动是以达人赛的项目选择、比赛场的准备、比赛规则、参赛证的制作、达人的班级海选、裁判竞选等拉开帷幕，最后阶段举办达人赛为主题的高潮部分，颁奖意味着主题活动告一段落。

值得说明的是，为了使幼儿园的课程更加生活化、游戏化，更关注儿童的兴趣、遵循儿童的年龄特征、发展规律和学习特点，以上小、中、大班主题的开展顺序、时间，都会根据每个班级幼儿的经验、发展水平及教师的教学风格等调整。原有课程主题也仅是预设了大致的框架和脉络走向，

在具体主题组织实施中，教师更关注主题进行中幼儿的想法、兴趣及发展需要，同时可以根据幼儿的兴趣生成新的话题活动，并将这些活动穿插其中。如果班级里根据偶然事件或者热点等而生成一系列与原主题内容并无关联的活动，老师会结合幼儿及班级实际情况开辟一个新的小主题，从而实现课程的班本化。

在课程计划的制定中，在小、中、大三个年龄段都会开展类似具有普适性的主题活动，如有关季节或时令的一些活动，为了让活动更好地符合幼儿年龄特点与发展水平，教师在课程内容的编制上会根据幼儿不同年龄段的发展水平来选择不同难易程度的活动内容，从而使课程内容具有螺旋上升的特点。例如在图画书的主题中，小班的"有趣的图画书"吸引孩子和图画书进行互动，中班的"图画书里的故事"让幼儿感受图画书中各种各样的故事人物、情节等，大班的"我们的阅读节"让幼儿自制图画书，办图书展等，进而感受图画书是怎么来的。

除了各类主题活动，课程计划还包括各班级、各场馆的游戏活动，还有幼儿园每年举办的民间游戏节、阅读节、艺术节以及其他节庆活动。另外，幼儿园的一日生活环节，在幼儿园开展的或者发起的社区活动、亲子家庭活动等都是主题活动的补充，也是幼儿园课程的重要内容之一，都将纳入课程计划之中。

民间游戏

学期课程计划

表3 小班学期课程计划

年度：2021—2022　　　学期：第二学期　　　填表人：邱娟娥、周华倩

主题名称	主题目标（价值分析）	主题持续时间	主要资源 自然	主要资源 社会	主要资源 文化	主题来源
好玩的图画书	1. 喜欢听故事、看书，对图画书具有初步的阅读兴趣，会看画面，能说出画面的内容。 2. 知道有不同种类的图画书，能爱护图书，不乱撕、乱扔。 3. 喜欢观看童话剧，愿意模仿复述，喜欢用涂、画等不同途径表达一定的意思	3周	百草园内适合阅读的场所	幼儿园、家、图书馆、绘本馆	绘本、皮影戏*、木偶剧场	购买的蓝本课程
百草园里拍花箩*	1. 运用各种感官发现气候、动物、植物等变化，了解春天的基本特征。 2. 喜欢念童谣，说方言。能跟着童谣的节奏拍手或游戏。 3. 能用简单的线条和色彩表现出眼中的春天，提升艺术表现和创造能力。 4. 愿意与同伴探索各种民间游戏的玩法，体验与同伴游戏的快乐	4周	公园、百草园	幼儿园、家、自然博物馆	当地童谣、方言、节气、民间游戏	自主开发的园本课程

续表

主题名称	主题目标（价值分析）	主题持续时间	主要资源			主题来源
			自然	社会	文化	
小昆虫玩游戏*	1.乐于探究各种各样的昆虫，初步了解常见昆虫的名称和特点。 2.通过准备寻找、发现昆虫的工具与方式等，了解昆虫的生活习性。 3.愿意分享和讲述自己发现与探究昆虫和它们特点的过程。 4.通过饲养，感知和发现昆虫生长发育、繁殖和死亡的过程	4周	大自然中的昆虫	幼儿园、家、昆虫博物馆、昆虫标本、放映厅	昆虫绘本故事、科普绘本	自主开发的园本课程
快乐的节日	1.通过观看和参与包粽子、挂艾草、赛龙舟等活动，体验端午节的习俗，对儿童节、端午节等节日有初步的了解。 2.能用多种材料和方式表现各种节日的特征。 3.收集并认识各种夏日物品，探索让自己感到凉爽的方式。 4.探索夏日小游戏，对夏天有更多的认识，感受夏日的乐趣	4周	水池*、百草园	幼儿园、家、水上乐园、水族馆	节日习俗节气*	购买的蓝本课程

注：带*者是利用本书所谈资源开发的活动。

民间游戏

表 4 大班学期课程计划

年度：<u>2021—2022</u>　　　　　学期：<u>第一学期</u>　　　　　填表人：<u>秦秀娟</u>

主题名称	主题目标 （价值分析）	主题持续时间	主要资源			主题来源
			自然	社会	文化	
我是小主人	1. 了解生命诞生的过程，知道自己长大的一些变化。 2. 增强规则意识和任务意识，会关心、爱护、帮助周围的人，初步萌发小主人公意识。 3. 知道自己是大班哥哥姐姐，发现自己的独特之处，乐于表现自己的才干，产生做哥哥姐姐的自豪感。 4. 能大胆想象，积极参与艺术创造活动、体验创造的乐趣	4周	百草园	幼儿园、家	民间游戏*、民间童谣*	购买的蓝本课程
超级转转转*	1. 收集陀螺、认识陀螺，会玩各种不同的陀螺。 2. 在玩陀螺、做陀螺的过程中发现陀螺旋转的奥秘。 3. 乐于和同伴一起探究陀螺的新玩法，并能通过图表、数字、语言等进行分享和表达。 4. 寻找生活中旋转的现象，了解旋转和人们的生活关系	3周	百草园	幼儿园、杂货店	民间童谣《打陀螺》、陀螺的演变史	自主开发的园本课程

续表

主题名称	主题目标（价值分析）	主题持续时间	主要资源			主题来源
			自然	社会	文化	
民游小达人*	1. 通过民游小达人活动策划，提升发现问题和解决问题的能力。 2. 乐于挑战各类民间游戏，增强身体素质。 3. 由班级挑战到年级组挑战，在层层挑战中形成一定的耐挫力及自豪感。 4. 能在园内外展示自己拿手的民游项目，传播民间游戏文化	4周	百草园	幼儿园、社区	往届小达人视频、各类民间游戏玩法	自主开发的园本课程
忙忙碌碌的小镇*	1. 通过调查、收集、讨论等形式了解家乡的羊毛衫产业。 2. 收集和整理羊毛衫资源，并能对其进行创意制作。 3. 感知家乡的风貌与变化，能用自己的语言、行动、艺术创造进行表达，增强对家乡的认同感	4周	—	幼儿园、羊毛衫一条街	童谣、家乡谚语、非遗产业	自主开发的园本课程
春联里的新年	1. 初步认识公历年和农历年，了解年的由来。 2. 了解各地过年的民俗，能用各种方式表达过年的喜悦之情，并记录春节趣事。 3. 对汉字感兴趣，尝试用涂、画的方式写春联。 4. 体验传统节日的快乐，有一定的民族自豪感	4周	—	幼儿园、家庭、商场	春节联欢晚会、关于过年的绘本	—

注：带*者是利用本书所谈资源开发的活动。

主题活动计划

表5 小班主题活动

年度：<u>2021—2022</u>　　学期：<u>第一学期</u>　　执行日期：<u>9月1日—9月30日</u>　　填表人：<u>孙伟青</u>

主题名称	活动名称	来源	主要资源
我上幼儿园（20）	我的名字	购买的蓝本课程	幼儿
	认识我的班级		幼儿园地图、班级路标
	参观幼儿园		民间游戏场、民间游戏馆、百草园等场地
	点点爱去幼儿园		绘本故事课件
	幼儿园的一天		幼儿园一日活动照片
	大手拉小手*		大班幼儿、踩影子、跳房子、踩小蛇、纸飞机
	我和标记捉迷藏		各种小动物标记贴纸
	甜甜的招呼		打招呼方式转盘
	我要上厕所		男女生标记贴、卫生间、便池使用安全图
	我会擦嘴巴		小毛巾
	听话的小勺		不同质地的勺子、豆子、毛绒球、果壳等
	爱的抱抱		绘本《抱抱》
	干净小手人人爱		洗手步骤示意图
	神奇的油画棒		油画棒、画纸
	和朋友一起玩		呼啦圈、滑梯、大型积木等
	吹泡泡*		吹泡泡童谣、游戏玩法视频
	切西瓜*		切西瓜童谣、游戏玩法视频
	赶小猪*		纸球、纸棒、游戏玩法视频
	木头人*		木头人童谣、游戏玩法视频
	我爱我的幼儿园		幼儿游戏视频

注：括号中的数字表示活动个数。带*者是利用本书所谈资源开发的活动。

表6 中班主题活动一

年度：2021—2022　　　学期：第一学期　　　执行日期：10月11日—11月5日　　　填表人：秦秀娟

主题名称	活动名称	来源	主要资源
树叶儿飞（18）	幼儿园里叶子多*	购买的蓝本课程	幼儿园的树、树木资源地图
	多彩的树叶		家长、师幼共同收集的树叶
	秋天的画报		自制书、绘画材料
	幼儿园里的树*		统计表、自制树木名牌
	小树叶		歌曲图谱
	纸飞机*		折纸飞机
	树叶变变变		各种装饰材料（画笔、双面胶等）
	大树和小鸟		故事、图片
	树枝可以这样玩*		家长、各种树枝、各色毛线
	迷迷转*		童谣
	各种各样的叶脉*		小苏打、各种树叶
	制作树叶标本		制作标本视频、旧的厚书、记录画本
	树叶堆肥*		暖棚、种植地
	树叶找朋友		分类记录单
	美丽的树叶皇冠*		操作记录表
	桂花糕*		食堂工作人员、桂花树、桂花、糯米粉
	秋菊		百草园种植的各色菊花、绘画工具
	树叶集市*		百草园、树叶创意、装饰作品

注：括号中的数字表示活动个数。带*者是利用本书所谈资源开发的活动。

表7 中班主题活动二

年度：2021—2022　　　学期：第一学期　　　执行日期：10月25日—11月28日　　　填表人：孙伟青

主题名称	活动名称	来源	主要资源
民间游戏博览会（25）	游览民间游戏馆	自主开发的园本课程	民间游戏馆、自制游戏体验卡
	什么是开幕式		各种开幕式照片和视频、网络资源
	队列练习		进行曲音频、民间游戏场
	设计游戏节		民间游戏图片、游戏材料制作图示、美工区
	热闹的开幕式		开幕式照片视频、绘画材料
	金锁银锁		《金锁银锁》童谣、儿歌示意图
	油豆腐匝四角		线绳、童谣
	有趣的七巧板		七巧板、提示图
	降落伞		游戏视频、降落伞玩法步骤示意图、线
	挑花线		线、挑花线布置图（大红枣、五角星）
	东南西北		正方形折纸、游戏示意图
	万花筒		成品玩具万花筒、半自制万花筒材料、组装步骤图、万花筒图案集
	丢手绢		手绢、童谣
	有趣的剪纸		彩纸、剪纸示意图、剪纸欣赏图示、团花剪纸范例、拉花剪纸范例

续表

主题名称	活动名称	来源	主要资源
民间游戏博览会（25）	我喜欢的民间游戏	自主开发的园本课程	统计图
	我们要办民游博览会		各类博览会的照片或视频、幼儿园民间游戏节图标
	游戏材料大搜集		收集表
	规划游戏博览会场地		民间游戏场
	设计游戏地图		幼儿园游戏场、游戏场照片、游戏项目、绘画工具
	布置博览会		游戏图标、游戏地图、各种装饰物品
	我们的博览会		博览会体验卡、民间游戏
	一起来过游戏节		玩具展、博览会
	为小达人喝彩		美工区、各种辅助材料，如丝带、纽扣等
	博览会大分享		博览会照片与视频、博览会体验卡
	最受欢迎的民间游戏		调查表

注：括号中的数字表示活动个数。

表8 大班主题活动

年度：2021—2022　　　学期：第一学期　　　执行日期：12月6日—12月31日　　　填表人：秦秀娟

主题名称	活动名称	来源	主要资源
忙忙碌碌小镇*（17）	小镇大调查	自主开发的园本课程	调查表、幼儿居住地方（小区、村）代表性照片
	忙碌的小镇		小镇繁忙景象的照片、视频
	美丽的花伴湾		花伴湾宣传片、各景点照片
	家乡的桥		各村古桥照片
	七十二条港		民间童谣、相关照片
	不一样的房子		老街古房子、小区商品房、乡下楼房
	游览四都村		家长、四都村村民、四都银杏古树、古桥
	开心村，我来啦		开心村、开心村景点路线图
	莎莉的红毛衣		故事绘本
	各种各样的线		家长资源、毛线、纱线
	漂亮的毛衣		毛衫网配店毛衣样品图照片
	毛线变变变		家长资源（会用毛线钩织毛衣、帽子等）、自制玩具
	编花篮		童谣
	阿利的红斗篷		故事绘本、制作毛衣工序步骤图
	忙碌的快递员		家长（快递员）、快递打包袋、打包工具
	横扇美食糕饼		卖糕饼店铺照片、糕饼印子
	一杯熏豆茶		熏豆制作过程视频、熏豆、芝麻
	江南花烛		花烛非遗传承人、花烛图片、实物
	打连厢		打连厢视频、打连厢棒、地方音乐

注：括号中的数字表示活动个数。带 * 者是利用本书所谈资源开发的活动。

方案设计

主题活动方案

★ 民间游戏博览会（中班）

民间游戏博览会

"民间游戏博览会"是幼儿园"民间游戏节"的中班主题活动，也是幼儿升中班后的第三个主题。在开展这个主题活动之前，幼儿积累了许多玩民间游戏的经验。在小班的时候，幼儿玩过"木头人""摇小船""炒毛豆""切西瓜"等肢体类民间游戏，也参与过"民间游戏节"的开幕式活动，观摩过大班幼儿的"民间游戏达人赛"活动。在此基础上，中班幼儿在教师的引导下，对民间游戏展开全方位的探究。了解和认识各种各样的民间游戏，并筛选出自己喜爱的民间游戏，模仿成人办展览会的形式，进行民间游戏的博览会筹备、布展和参展活动。在这个主题活动中，民间游戏是重要的课程资源，同时也是幼儿探究的主要对象。幼儿将深入幼儿园的各个方面，并借助家长的力量，实现与民间游戏的零距离接触。

一、区域活动　游览民间游戏馆

经验联结

民间游戏馆在经过教师和大班幼儿的重新规划布局后，各区环境和材料相较之前有了较大的改变。中班的幼儿也迫不及待地想去参观和体验，通过参观了解民游馆各个游戏区的特点和游戏内容。

活动目标

1. 愿意与同伴一起玩民游馆的游戏，并能遵守基本的游戏规则。
2. 能根据各区域的标记、图示自主进行游戏和整理材料。
3. 能根据自己的意愿进行游戏并记录在游戏体验卡上。

活动准备

经验准备： 幼儿了解民游馆各区的分布。

材料准备： 自制游戏体验卡、游戏图示。

活动内容

1. 引导幼儿观察民间游戏的各类材料，学习根据材料的类别来了解各区域分布的特点。
2. 幼儿自由分组进入各区游戏时，重点关注幼儿选择的游戏项目，了解幼儿选择的原因，针对幼儿的行为表现进行个别指导。
3. 引导幼儿学会看各区的标记、图示，游戏后按照标记整理游戏材料。
4. 鼓励幼儿游戏后按照标记整理游戏材料，并在游戏护照上进行记录。
5. 幼儿分享自己游戏的过程、发现和感受。

活动要求

1. 游戏时，注意遵守游戏规则。
2. 活动结束后，自主整理游戏材料并进行游戏记录。

指导要点

1. 指导幼儿在游戏时，看各区的标记和游戏图示进行游戏。
2. 当幼儿看不懂图示时，教师可以主动向幼儿演示游戏的玩法。
3. 引导幼儿通过视频观摩，向同伴、老师请教等方式学习各类民间游戏。
4. 游戏结束时，提醒幼儿在自己的游戏体验卡上记录好今天尝试的游戏类别，并和同伴交流游戏的感受。

5.游戏结束后,观察幼儿游戏材料收纳的情况,当幼儿收纳有困难时,给予必要的提醒和协助。

活动延伸

1.在班级美工区制作班级游戏体验卡。

2.在班级益智区放置各种游戏图示,进一步引导幼儿看图示进行游戏。

3.将游戏体验卡带到家里,和家长分享在幼儿园里玩民间游戏的感受,家长和幼儿一起玩民间游戏。

活动附件

（刘伟宇）

二、集体活动 什么是开幕式

活动目标

1. 通过观看各种开幕式，初步了解民间游戏节开幕式的内容。
2. 收集各种运动会开幕式的图片并布置展览，丰富对开幕式的认识。
3. 关注民间游戏节开幕式，对开幕式感兴趣，并用语言大胆表达自己的想法。

活动准备

各种开幕式的照片和视频。

活动过程

1. 引导幼儿了解各种开幕式。

（1）幼儿观看各种开幕式的视频。

（2）组织幼儿讨论：他们在做什么，什么是开幕式？

教师小结：当举办运动会或是大型活动、典礼仪式时，开始的时候有一个类似宣传庆祝之类的流程，这个流程就是开幕式，表现方式有很多种，有的是唱歌跳舞，有的是队列表演。

2. 组织幼儿了解本园民间游戏节开幕式。

（1）幼儿观看往年幼儿园民间游戏节开幕式视频，初步了解开幕式的流程。

（国旗和园旗护旗手入场、升国旗、园长开幕式致辞、开幕式小主持人报幕、运动员入场、表演……）

（2）教师提问：民间游戏节开幕式非常的热闹，老师和小朋友们都做了很多的事情，你们想为今年的开幕式做些什么准备呢？

3. 讨论开幕式前的准备。

（1）教师提问：开幕式前我们需要做什么？（引导幼儿观察视频里幼儿的动作、声音以及道具）

（2）引导幼儿自主讨论交流。

（3）教师小结：为了迎接开幕式的到来，原来我们可以做这么多的事情。（报名做小主持人、做班牌、做道具，进行队列练习、想好班级口号等）

4. 总结交流。

（1）教师提问：请幼儿来说一说，我们可以为民间游戏节的开幕式做哪些准备。

引导幼儿从自己能做的事情出发，说一说准备怎么做，希望班级里的老师和其他小朋友做些什么事情。

（2）教师总结：开幕式这么有趣，在开幕式前需要做很多事情。接下来，我们要为开幕式收集道具材料，想一想口号，做好其他准备，让我们期待这次开幕式的举行吧。

活动延伸

1. 鼓励幼儿在家时和家长一起观看各类活动的开幕式，进一步丰富经验。
2. 利用一日生活的各环节，请幼儿讨论本班的开幕式口号，并进行筛选。
3. 在班级各区域添加七巧板、小竹棒、花线、皮筋等民间游戏玩具，引导幼儿玩相关的游戏。

（陈颖竹）

三、生活环节渗透　队列练习

活动由来

幼儿通过对开幕式的了解，决定为开幕式的入场做队列练习。经讨论日常生活中的排队现象后，幼儿对队列的各种变化也产生了浓厚的兴趣。因此，结合一日生活如晨练、散步等各个环节给幼儿提供机会进行队列的练习。

活动准备

经验准备：幼儿对一些基本的队列动作、队形有一定的了解。

材料准备：进行曲。

活动内容和方式

1. 在餐后散步时引导幼儿有序排队，鼓励幼儿思考用什么方式可以使队列更加整齐。

2. 利用过渡环节，鼓励幼儿讨论有哪些队形可以排列，可以在什么时间段来练习队列。

3. 在散步时间段、户外游戏时进行队列练习。

4. 在幼儿熟悉队形后播放进行曲，引导幼儿根据音乐节奏变化进行简单的队列变化。

活动中的指导

1. 引导幼儿积极思考不同的队列方式，如男女生交互排列、二列纵队变四列纵队、横排快速变成纵排等。

2. 通过喊口令指挥等方式提升队列练习的整齐性。

3. 鼓励有能力的幼儿做小队长，带领小组进行队列练习。

活动延伸

1. 通过晨间活动韵律环节、晨间集体游戏活动组织变换不同的队形游戏。
2. 引导幼儿利用桌面材料进行各种队列的模仿摆放，熟悉各种队列。

（陈颖竹）

四、区域活动　设计游戏节

经验联结

每年的民间游戏节都有节日图标的设计活动，这个活动大班幼儿参与比较多，中班幼儿也可以参与其中，并将自己对民间游戏节的认识和感受通过美术的形式表现出来。幼儿的设计可以运用到民间游戏节开幕式、民间游戏运动场的布置、民间游戏博览会的布展等方面。幼儿通过前期对民间游戏节的认识、感受、体验各个民间游戏后，可以根据自己已有的经验，大胆地结合具体形象以及自己的体会进行创意美术活动。

活动目标

1. 尝试根据各民间游戏项目的特征，联想设计线条、符号，并运用各种辅助材料制作游戏图标、游戏海报、游戏体验卡等多种游戏节中的物品。
2. 通过欣赏、观察和体验，了解各种民间游戏，感受游戏带来的美和快乐。

活动准备

经验准备：幼儿有设计图标的经验，幼儿有欣赏过、玩过各民间游戏项目的经验。

材料准备：记号笔、各种颜色的蜡笔、纸、幼儿参与民间游戏的图片。

活动内容

1. 幼儿观察民间游戏活动中的照片，思考设计图标、体验卡等的样式。
2. 幼儿在白纸上进行设计、装饰，并根据自己的需要进行裁剪。

3. 幼儿利用美工区的各类材料，进行简单的创意制作，例如做一个滚铁环的铁环以及钩子。

4. 幼儿分享自己的设计思路，并将作品进行呈现。

活动要求

1. 设计图标时要表现出民间游戏项目的主要特征，做到一目了然。

2. 设计体验卡时要注意空间的分布，预留集赞空间。

3. 设计民间游戏节标志时要体现游戏节的主题。

指导要点

1. 教师指导进入美工区的幼儿观察放置在区域中的幼儿游戏照片，引导幼儿观察民间游戏的材料、自己的动作等等，引导幼儿和同伴分享自己的设计想法。

2. 教师观察幼儿的设计，指导幼儿注意绘画的整体布局，并及时了解幼儿的设计意图，给幼儿适当的提示，帮助其完成设计的具体想法。

3. 教师帮助幼儿做好各类作品的陈列，引导幼儿介绍自己的作品，分享自己的经验。

活动延伸

1. 教师组织幼儿对设计的图标、图卡等进行讨论或投票，选出幼儿最喜欢的一张作为代表。

2. 在班级里预留出一块空的墙面和空间，专门展示和陈列幼儿在民间游戏节期间设计和制作的各种作品。

3. 发动家长的力量，收集相关的标识，例如衣服吊牌、产品包装盒、名片等。

4. 在生活中，引导幼儿关注各类标识例如交通标志、安全标志、店铺标志等等，丰富幼儿的相关经验。

（朱芳英）

五、集体活动　热闹的开幕式

活动目标

1. 回顾民间游戏节开幕式的场景，大胆说出让自己印象深刻的开幕式场景。
2. 用绘画等多种呈现方式表现开幕式的场景。
3. 在讨论和描述过程中，体验参加集体活动的快乐。

活动准备

经验准备：幼儿已有参加民间游戏节开幕式的经验。

物质准备：运动会开幕式的视频、图片等，白纸、勾线笔、油画棒若干。

活动过程

1. 活动导入，回顾开幕式场景。

（1）幼儿集体讨论让自己印象深刻的开幕式场景。

（2）教师小结：大家一起参加了民间游戏节的开幕式，开幕式非常热闹，大家非常开心。

2. 出示图片，分析讨论开幕式上各人物表情动作。

（1）幼儿说说图片上人物在做什么，教师重点引导幼儿观察人物动作。

（2）请个别幼儿说说图片上人物的表情和动作，引导幼儿注意表情和动作的结合。

3. 幼儿自主创作。

（1）幼儿说说自己想怎么画。

幼儿相互讨论自己要创作的内容，了解同伴想要绘画的场景，相互交流。

（2）个别幼儿说说自己的想法。

（3）幼儿创作，教师指导。

① 提醒幼儿在绘画的时候将自己对开幕式印象深刻的回忆表达出来。

② 要求幼儿绘画时注意画面的人物动作和表情。

4.分享交流。

（1）欣赏同伴的作品。

（2）说说喜欢的作品，并且讲出理由。

（3）将作品陈列在活动室中。

活动反思

民间游戏节的开幕式结束了，在回顾这一活动时，幼儿对于参与这样的大型集体活动感觉很开心和兴奋。在用各种材料来呈现自己看到的、感受到的具体场景时，大多数幼儿遇到了困难，更多的幼儿选择了绘画的方式来呈现。经过活动，我们发现幼儿的表现手段和方式比较单一，在接下来的活动中需要进一步引导幼儿通过日常的观察和欣赏更多的美术作品等途径，来丰富幼儿的表现手段，提升幼儿的表达能力。

（朱芳英）

六、区域活动　金锁银锁

经验联结

幼儿已学会民间童谣《金锁银锁》，通过游戏活动练习巩固童谣，促进语言能力的发展，锻炼幼儿对信号做出反应的能力。

活动目标

1. 明确并遵守游戏规则，体验合作玩游戏的快乐。
2. 发展动作反应的敏捷性，促进目测力、判断力发展。

活动准备

经验准备：会念童谣《金锁银锁》。

材料准备：《金锁银锁》儿歌示意图。

活动内容

幼儿一只手手掌向下当作"锁"，另一名幼儿食指顶在其手掌下当作"钥匙"，边念童谣边玩游戏，当念到"锁"字的时候，"锁"迅速抓住"钥匙"。

《金锁银锁》

金锁锁，银锁锁，

一把钥匙一把锁。

咔嚓咔嚓把它锁，

请你来开锁

活动要求

1. 游戏者必须在念完童谣最后一个字后才能做出"抓"和"躲"的动作。
2. 参与游戏者念童谣的速度要保持一致。

指导要点

1. 引导幼儿有节奏地念童谣，两人合作游戏时节奏要相同。
2. 鼓励幼儿在念童谣前半部分的时候，配以一些手势动作，边做边念。

3.掌握游戏内容后，可鼓励幼儿自己制定游戏的规则，比如在童谣的最后一句后加入"1、2、3"或者约定好的词语，然后才能抓或者躲。

活动延伸

鼓励幼儿把这个游戏教给家人，和家人一起玩游戏。

（孙　翊）

七、生活环节渗透　油豆腐匝四角

活动由来

宁宁在晨间活动玩跳绳游戏的时候想到，如果把绳子放在地上，应该怎么玩呢？老师过来将自己小时候玩的"油豆腐匝四角"游戏介绍给幼儿。看到老师和几个幼儿在玩游戏，其他幼儿也想加入进来。

活动准备

经验准备：会念童谣《蹲蹲布鸡》："蹲蹲布鸡，油菜炒鸡。点着啥人，啥人就飞。"

材料准备：四根相同长度的绳子。

活动内容和方式

通过晨间锻炼引导幼儿玩"油豆腐匝四角"游戏。站在中间的幼儿边念儿歌边按顺/逆时针方向轮流指向站在四个角上的幼儿，念到儿歌最后一个字时，四个角上的幼儿快速流动变换站位，中间的幼儿去抢占角位，抢占成功后，由没有占到角位的幼儿站到中间变换角色继续游戏，

如果没有抢占成功,则游戏继续重复。通过此游戏来提高幼儿的反应能力和奔跑速度。

活动中的指导

1. 引导幼儿边念童谣边进行游戏。

2. 在跑动抢位时要注意安全,避免相互碰撞。

活动延伸

1. 鼓励幼儿将其他有趣的童谣融入游戏中。

2. 创新游戏玩法,用更多的绳子拼搭出更多角的图形,使游戏人数不断增加。

(宋晶晶)

八、集体活动　有趣的七巧板

活动目标

1. 认识七巧板,知道七巧板中各图形的名称。

2. 尝试用七巧板拼出各种图案,感受七巧板的多变和趣味。

活动目标

经验准备:幼儿认识基本的几何图形,玩过相关图形拼搭游戏。

材料准备:每人一份七巧板、七巧板拼图范例若干、无内线的造型模板若干、背景音乐、电视机、投影仪。

活动过程

1. 认识七巧板,了解七巧板的构造,并进行统计。

教师提问:今天老师带来了一套玩具,大家认识吗?它为什么叫"七巧板"呢?

教师小结:七巧板由七块不同形状、颜色、大小的木块组成。(可补充介绍七巧板的由来)

2. 用七巧板进行拼图游戏。

（1）欣赏七巧板的作品，发现拼图规则，激发拼图兴趣。

教师出示一个范例，让幼儿观察。

教师：看，这是什么？它由几块图形组成，是怎样拼搭在一起的呢？使用七巧板的时候，七块小板都要用到，不能多也不能少，不能重叠，不能分离，要紧紧靠拢，他们都是边角相接，边边相接。

（2）幼儿动手操作。

①看图学习拼图，鼓励幼儿拼出2—5种图案。

教师：我们每人桌上都有一份七巧板，看着这些图案，试着自己动手、选出自己喜欢的，在规定时间内看谁拼得最多。

②提供无内线的造型模板，让幼儿根据模板进行拼搭。

教师：拿起你桌上的模板，看一看，想一想，根据它的外轮廓，用七巧板拼出来。

③相互欣赏并帮助有困难的幼儿完成拼图游戏。

④尝试创作拼图，鼓励幼儿拼出1—3种图案。

3. 教师小结并展示幼儿的作品，交流分享。

教师请幼儿自己介绍作品，让幼儿体验创作的成功感。

活动延伸

1. 可以在区域中继续拼，可以尝试两个人一起合作拼搭。

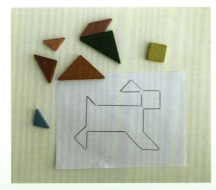

2. 提供七巧板图册,让幼儿按图进行拼搭。

3. 鼓励幼儿将拼搭好的七巧板拓印下来,并进行涂色。积累各种图形后,可以根据这些图形进行故事的创编等游戏。

(孙 翊)

九、集体活动 挑花线中的"降落伞"

活动由来

"挑花线"是典型的民间游戏,深受人们的喜爱,但对于中班年龄的幼儿来说是有一定难度的。幼儿升入中班后,班级里就提供了相关挑花线的材料,还有挑花线的书籍。在民间游戏节中老师向幼儿介绍了各种各样的游戏,其中也包括挑花线,但班级里只有几个幼儿在家里玩过,大部分幼儿还不会。于是,教师向家长发起带领幼儿玩挑花线的游戏倡议。经过一段时间,有部分幼儿可以和成人一对一进行挑花线了。班级里几个会挑花线的幼儿激发了全班幼儿玩挑花线游戏的热情,他们开始讨论起这个游戏要怎么玩,也愿意拿起区域的花线,在手上练习。挑花线中有一种"降落伞"的挑法,深得幼儿喜爱。于是,教师抓住这个契机,在班级里组织相关的集体教学活动,引导幼儿加入挑花线的游戏中来。

活动目标

1. 练习翻、勾、拉、挑等一些精细动作,提高幼儿手部肌肉的灵活性。
2. 体验民间游戏挑花线的乐趣,发挥思维灵活性,激发创造能力。

活动准备

每人一根线绳、游戏视频。

活动过程

1. 手指游戏，放松手部肌肉。

2. 教师示范，激发兴趣。

3. 示范讲解，单人翻绳。

教师利用故事示范讲解"降落伞"的每一个步骤。

4. 播放视频，指导练习。

（1）幼儿观看视频，跟着一起尝试降落伞的挑法。

（2）教师对遇到困难的幼儿进行个别指导，手把手教或鼓励会的幼儿帮助不会的幼儿。

（3）教师将幼儿遇到困难的步骤用照片或视频的形式记录下来，组织幼儿分享挑花线时遇到的问题和解决的方法，并讲解、分析。

5. 展示作品，放松手部肌肉。

（1）展示幼儿挑降落伞的过程视频及照片。

（2）鼓励幼儿展示挑降落伞。

（3）带领幼儿跟着音乐做手指放松操。

活动延伸

1. 在区域中提供简单的挑花线的花样步骤图，引导幼儿在区域活动中练习挑花线。

2. 开展大带小的活动，请大班的幼儿和班级里的幼儿一起玩挑花线的游戏。

3. 请家长多和幼儿玩挑花线的游戏，积累游戏经验，提升挑花线的技能。

活动附件

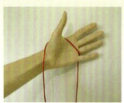

步骤一:猴子乐乐出来玩,发现一棵树,把绳子挂在最粗的和最细的树杈上

步骤二:乐乐开始打悠悠,悠一次

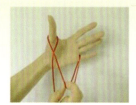

步骤三:悠两次

步骤四:乐乐发现树杈上有两个洞

步骤五:从洞里钻出来

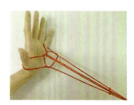

步骤六:发现了一条裤子

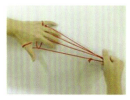

步骤七:穿上裤子

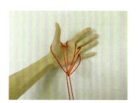

步骤八:悠下来

(孙　翊)

十、区域活动　挑花线

经验联结

幼儿在集体活动中体验了挑花线"降落伞",对挑花线产生了浓厚的兴趣,并学会了挑花线的一些基本动作。

活动目标

1. 练习翻、勾、拉、挑等一些精细动作。
2. 感受合作游戏的乐趣。

活动准备

经验准备：幼儿体验过挑花线"降落伞"。

材料准备：挑花线的线绳，挑花线的步骤图。

活动内容

1. 观看步骤图，进行挑花线的游戏。

2. 班级老师指导幼儿进行两两合作挑花线游戏。

3. 邀请有经验的大班幼儿来班级里指导幼儿挑花线。

步骤一：双手撑开绳子

步骤二：将绳子在双手手掌缠绕一周

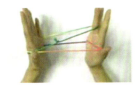
步骤三：右手中指套住左手手掌中的绳子

步骤四：左手中指套住右手手掌中的绳子

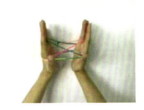
小山

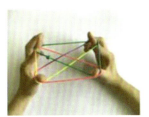
田池

面条

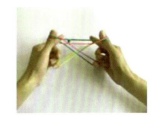
牛槽

活动要求

1. 提醒幼儿在每个步骤完成时，要将线绷直，不能松。

2. 游戏中线弄乱了要及时把它理顺，重新开始。

指导要点

1. 指导幼儿在看不懂步骤图时，可通过同伴或老师的亲身示范进行学习。

2. 鼓励幼儿自创玩法，创造不同的图案。

3. 两两合作找伙伴时，确保一名幼儿有一定的挑花线基础，在游戏时要耐心指导另一名幼儿一起完成游戏。把完成的挑花线花样展示给同伴看，以提升参与游戏的兴趣。

活动延伸

1. 在环境中布置挑花线任务单，完成的幼儿可以贴上自己的头像或者标记。

2. 等到幼儿练习到一定程度，在班级中组织开展小组的挑花线比赛。

3. 利用各种线进行桌面创意活动，请幼儿说一说自己把线变成了什么图形或者图案，提升对线这一材料特性的认识和感受。

活动反思

在老师的耐心教授下，幼儿学会了两两合作挑花线。当幼儿能够独立绷好花线后，就很开心，急忙找自己的好朋友来一起玩。遇到会挑花样的，两个幼儿就可以开开心心玩下去了，遇到不会的，就是一对一的教授活动。挑花线的游戏需要老师培养好几个"种子"选手，这样才能带动更多的幼儿参与到这个有趣的游戏中来。

（孙　翊）

十一、区域活动　东南西北

经验联结

在民间游戏节开展过程中，幼儿感受到折纸"东南西北"游戏带来的快乐，发现"东南西北"不只停留在折，还能进一步添画，融入数学和方位游戏，因此都想自己折一个，设计一个不一样的折纸作品。

活动目标

1. 学习用正方形四角向中心折，提升对点、角、线反复重合折叠技巧的掌握。
2. 尝试根据步骤图自主观察折法，对折纸有浓厚兴趣。

活动准备

经验准备：幼儿有折纸的经验。

材料准备：正方形折纸、"东南西北"折纸步骤图。

活动内容

1. 幼儿认真观察"东南西北"折纸步骤图，根据步骤图进行一步步折叠。
2. 折好后在"东南西北"外侧四个面和内侧八个面上添画自己喜欢的东西。
3. 幼儿一个人套进拇指和食指展开游戏。
4. 两两合作一起玩游戏，一人说出开合的数量，一人来操作折纸"东南西北"。

活动要求

1. 做到角对角、边对边整齐折叠，最后一步要相对而折，然后往中间一靠，形成一个菱形。
2. 两两合作游戏时，大家先对折纸里面的添画内容进行商量，比如说都画上水果或者花卉。
3. 幼儿对游戏熟悉后可以自己制定不同的规则。

指导要点

1. 引导幼儿通过对照步骤图折纸，也可以通过将成品的"东西南北"进行拆解来学习折的方法。
2. 鼓励幼儿分享折纸过程中所用到的有用的方法。
3. 观察到幼儿遇到困难时及时帮助，引导幼儿对活动进行总结。
4. 协助幼儿找到好朋友一起玩游戏，并共同制定游戏的规则。

活动延伸

1. 借助添画的内容，在游戏时进行一些语言创编活动。
2. 从东南西北引入，利用家长资源收集一些家长小时候的折纸，一起学一学。

活动附件

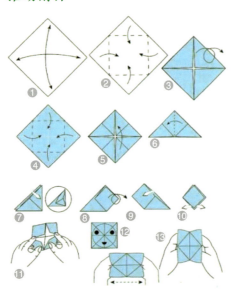

步骤一：准备一张正方形的纸

步骤二：四个角都向中心折

步骤三：翻面后四个角都向中心折

步骤四：在内侧画上标记后，对折向中间靠成菱形状

（宋晶晶）

十二、集体活动　万花筒

活动由来

万花筒是幼儿喜欢的玩具之一，万花筒内部图案的千变万化很能吸引幼儿的注意。在玩万花筒时，幼儿也会发起提问：为什么万花筒里的图案是变来变去的？万花筒里面到底装了些什么东西？根据幼儿的兴趣，我们在科学区投放了相关的材料，例如可折叠的镜子、纽扣、珠子等等，开展了相关的探究活动。

活动目标

1. 在拆玩万花筒的过程中激发幼儿探索万花筒的兴趣，帮助幼儿学习拆分及组装万花筒的方法。
2. 探索多面镜子的反射现象，初步了解万花筒成像的原理。

活动准备

雪花片若干、平面镜两个、大记录表一份、万花筒、操作框每人一只、万花筒的组装步骤图一份、黑板两个、磁铁若干。

活动过程

1. 活动导入，回忆夹角成像现象。

教师：昨天我们用两面镜子和一片雪花片做游戏，发现了什么秘密？

教师小结：镜子的夹角大，成像的数量少；镜子的夹角小，成像的数量多。

2. 自由玩万花筒，提出疑问。

（1）幼儿自由玩万花筒。

（2）教师引导幼儿细致观察万花筒中影像的不同。

（3）幼儿交流。

教师：你在万花筒中看到了什么？四个万花筒里面一样吗？有什么不一样？为什么有的万花筒中有很多图案，有的万花筒中却看不到很多图案？怎么才能知道万花筒的秘密？

3.拆万花筒，了解万花筒成像的原因。

（1）教师：让我们一起动手试试拆开万花筒吧，看看里面到底装着什么东西。

（2）观察万花筒的组成部分。

教师：你拆开万花筒看到了里面有什么？你的万花筒里有几面镜子？除了镜子还有什么？拆开后，里面的东西和别人一样多吗？一样多的配件为什么看到的图案不一样，有的多，有的少呢？

4.幼儿探索多面镜子的反射现象。

（1）三面镜子如何摆放才能让珠子变成许多图案呢？

（2）出示万花筒的组装步骤图，让幼儿自己学习组装方法。

教师：你能看懂吗？有没有看不懂的地方？

（3）幼儿自由探索组装万花筒。

（4）幼儿交流，教师填写大记录表，引导幼儿探索镜子摆放的位置与成像多少的关系。

（5）教师小结：万花筒利用三面平面镜做成三棱镜，让少量的珠子变出许多漂亮的图案。

5.幼儿组装好万花筒，再次感受多面镜成像。

（1）请幼儿把拆开的万花筒重新组装好。

（2）教师利用组装步骤图帮助有困难的幼儿解决问题，完成组装任务。

活动延伸

1.继续提供万花筒及相关的材料，引导幼儿在科学区继续探究万花筒。

2.在日常生活中收集零碎材料例如毛衫辅料纽扣、玻璃珠片等等，引导幼儿利用这些材料来模仿万花筒内看到的各类图案。

（宋晶晶）

十三、生活环节渗透　丢手绢

活动缘起

幼儿学会《丢手绢》这首歌曲后,总是在教室里三五成群地玩游戏,考虑到在室内游戏存在一定安全隐患,奔跑的动作和速度都受到限制,因此通过与幼儿的讨论,教师决定在户外游戏环节组织该游戏,让幼儿体验互相追逐的快乐。

活动准备

经验准备:幼儿会唱歌曲《丢手绢》,了解基本的游戏规则。

工具和材料:手绢或其他替代物。

活动内容和方式

通过晨间锻炼或其他户外活动时间组织幼儿进行丢手绢的游戏。引导幼儿有节奏地唱歌曲,身后被丢了手绢的幼儿追逐丢手绢的幼儿。鼓励幼儿在熟练掌握游戏玩法的基础上进行游戏的二次创新,例如两个人来丢手绢。

活动中的指导

引导幼儿在游戏过程中齐声歌唱,丢手绢者必须在唱到"轻轻地放在小朋友的后面"时才能将手绢丢出去。提醒幼儿在追逐中注意安全,要绕着圆圈跑,不可跑到其他地方去。游戏结束后和幼儿讨论,学习在游戏过程中总结经验。

活动附件

童谣《丢手绢》

丢,丢,丢手绢,轻轻地放在小朋友的后面,

大家不要告诉他。快点快点抓住他,快点快点抓住他。

(陈颖竹)

十四、区域活动　有趣的剪纸

经验联结

在民间游戏馆，幼儿看到了纸类游戏区的各种剪纸作品和各类漂亮的剪纸材料，他们也想尝试剪纸。幼儿在剪简单图形的基础上，尝试运用对称折叠的方法来剪纸，提高动手能力。

活动目标

1. 了解中国剪纸对称的特点。
2. 初步尝试剪纸，提高空间想象能力。

活动准备

经验准备：幼儿能用剪刀沿着轮廓线剪出由直线构成的简单图形。

材料准备：各类彩纸、剪纸示意图、团花剪纸作品、拉花剪纸作品、剪纸欣赏书籍。

活动内容

1. 欣赏各类剪纸作品，观察剪纸示意图，讨论剪纸作品制作的过程。
2. 选择彩纸，将正方形纸对边（对角）对折后再对折，在每条边上都画上一个不同的形状。拿剪刀沿着轮廓剪，剪的过程中可以随时打开来看所剪的图案，如果需要再剪，可以再次折叠后再剪。打开折叠的纸，收拾剪去的碎纸，欣赏作品。
3. 将剪纸作品张贴在事先准备好的本子上或者空板上，相互欣赏剪纸作品。

活动要求

1. 折纸时边线对齐，初学剪纸时建议不要折太多次，对折一到两次即可，等到熟练之后可增加折叠的次数。
2. 设计剪纸的图案时要注意保留和剪去部分的设计。
3. 注意剪刀使用安全，不能将剪刀的尖头部分对准他人，使用完剪刀要及时收拢好，不可张开。

指导要点

1. 教师鼓励幼儿尝试多种对折方法，剪出不同的图案。

2. 在作品呈现时可以采用不同背景色的彩纸来衬托剪纸作品的镂空部分，形成颜色对比，提升美感。

活动延伸

1. 利用自己的剪纸作品进行粘贴、添画等创意活动。

2. 在生活中收集各类剪纸作品，了解当地人在特定的节日或者喜庆日子里有贴喜字、福字等剪纸作品的风俗，了解剪纸与人们生活的关系。

（刘佳宇）

十五、调查活动　我喜欢的民间游戏

活动由来

自开展民间游戏节活动以来，幼儿一起学会了许多民间游戏。在户外他们会玩老鼠笼、荷花荷花几月开、丢手绢、踩高跷、跳房子等游戏，在室内他们会玩挑小棒、挑花线、七巧板、万花筒、不倒翁、剪纸等游戏。马上就要举办民间游戏博览会了，幼儿到底喜欢什么样的民间游戏呢？游戏这么多，不能每一项都列进来，也不能随便选，需要根据幼儿的年龄水平、掌握情况以及喜爱度等进行游戏筛选，因此教师开展了此调查活动。

活动准备

经验准备：幼儿有玩过一些游戏的经验，幼儿有计算总数和比大小的经验。

材料准备：统计表、笔。

调查对象和内容

向中班幼儿调查他们喜欢的游戏是什么，统计游戏名称和喜欢该游戏的人数并从中进行筛选，鼓励幼儿进行人数统计和记录、排名等。

调查前谈话

1. 调查对象是中班幼儿。班内每名幼儿说一个自己最喜欢的游戏，以举手的方式进行人数统计。
2. 调查后汇总和讨论。
3. 根据喜欢该项游戏的人数进行排序和筛选。

（刘佳宇）

十六、集体活动　我们要办民间游戏博览会

活动由来

当老师提出办一场民间游戏博览会的提议时，很多幼儿表示了自己的疑惑：到底什么是博览会呢？和开过的运动会一样吗？要办的民间游戏博览会是怎么样的呢？我们小朋友也能办博览会吗？基于幼儿的这些问题，教师组织幼儿从了解博览会开始，进行相关内容的学习与探究。

活动目标

1. 知道"博览会"是展示交流艺术、科技和商品的公共场所。
2. 愿意在集体面前表达自己的想法，在交流讨论中生成一些"我们的博览会"的内容。

活动准备

各类博览会的照片或视频，幼儿园民间游戏节图标。

活动内容

1. 引导幼儿了解博览会。

民间游戏

（1）观看一些博览会视频，帮助幼儿初步了解博览会是什么。

教师：小朋友们，你们知道什么是博览会吗？

教师：我们先一起来看看这些视频，然后再请你来说说对博览会的理解。

（2）教师总结：博览会是展示交流艺术、科技和商品的公共场所。

2. 组织幼儿讨论我们的博览会。

（1）出示今年评选出来的幼儿设计的民游节图标，引出将举办民间游戏博览会。

教师：我们的民间游戏博览会可以展示哪些游戏呢？民间游戏博览会需要准备些什么呢？

（2）教师总结幼儿的回答内容，进行相关补充记录。

小结：小朋友们已经尝试了很多民间游戏，但是这么多的游戏如果都由我们一个班级的小朋友来展示肯定是来不及的，所以我们要选择两个最喜欢的游戏来准备。

（3）教师将各类游戏记录在黑板上，让幼儿用举手表决的方法选择两个游戏。

教师：现在我们要从这么多的游戏中选择出两个游戏，每名小朋友要想清楚，一人只可以举两次手，我们要选出班级小朋友最喜欢的游戏。

小结：两个游戏选出来了，是挑花线和投壶，我们现在还不知道其他班级要展示什么样的游戏，谁愿意去其他班级问问，他们选择的游戏有没有和我们重复。

3. 请部分幼儿到其他班级里去打听各班选择了什么游戏，并将结果告诉大家，老师帮忙记录。如果遇到重复的，需要幼儿与幼儿，老师和老师之间进行协调，或者是一个班级负责一个游戏，或者是更换一个游戏。

4. 引导幼儿为开展游戏博览会收集准备相关的材料内容。

（刘佳宇）

十七、收集活动　游戏材料大搜集

活动缘起
为了办好这次民间游戏博览会,大家开始收集有关民间游戏的材料。

活动准备
经验准备：了解民间游戏的种类以及基本的玩法。

材料准备：游戏材料收集表。

收集对象和内容
幼儿向家中长辈、朋友等收集有关民间游戏的材料,初步了解本地区的民间游戏。

收集前谈话
1. 向幼儿介绍博览会的游戏内容,引导幼儿说说每项游戏所需的材料。

2. 鼓励幼儿说说向谁收集,通过什么方法收集材料,或如何制作材料。

3. 介绍游戏材料收集表,引导幼儿做好数量的统计。

4. 提醒幼儿收集完贴上名字带到幼儿园。

收集后汇总、展示、交流和讨论
1. 将收集的材料进行整理归类,统计每种游戏材料的数量,数量少的则继续鼓励幼儿去收集。

2. 将游戏材料放在展示区陈列,孩子们自由参观并尝试探索,比较材料的异同与优缺点,鼓励幼儿交流讨论。

活动延伸
将收集的材料投放在相应的区域中,鼓励幼儿练习,组织小组比赛。

（朱芳英）

十八、生活环节渗透 规划游戏博览会场地

活动由来
为了游戏博览会开展时有更多的小朋友和观众参与进来，我们需要一个开阔的、能容纳下整个年级组所有幼儿的地方。而且这个场地还要便于人员的流动，方便摆放各种材料。于是，我们在散步时一起寻找适合举办民间游戏博览会的场地。

活动准备
经验准备：幼儿提前认识幼儿园的各个地点，幼儿玩过博览会将开展的游戏。

工具和材料：白纸、笔。

活动内容和方式
1. 在散步时，引导儿童寻找适宜的大场地，以及明确每个游戏适宜在场地的什么位置开展。
2. 借用散步时随手找到的树枝或者借用一些体育器械来标识各个游戏展的位置。
3. 借助纸笔将各种发现和想法记录下来。
4. 各组相互介绍散步中记录的内容。

活动中的指导
1. 在散步前，指导幼儿先在纸上画出大概的位置图，然后现场实地测验各位置是否方便对应游戏的开展。
2. 在画位置图时，引导幼儿按照实景的方位进行绘画。

活动延伸
1. 在区域中放置一些幼儿园的平面地图，引导幼儿将地图上的标识与现实物品进行一一对应。
2. 收集一些景区的游览地图，引导幼儿观察并讨论相关的话题。

（刘佳宇）

十九、区域活动 设计游戏地图

经验联结

民间游戏博览会马上要开始了。幼儿在前期准备确定了博览会办展的地点，利用散步时间和区域游戏活动时间进行了相关的讨论，在和其他班级的沟通中，也了解到各班的办展地点。由于班级多，要展览的民间游戏类别多，幼儿对所选定的地点和具体的游戏不能一一对应，教师需要通过相关的记录来帮助他们进行整体的认识。在进行了多次实地考察后，幼儿开始进行博览会游戏地图的设计。

活动目标

1. 了解游戏地图的意义，能根据民游博览会活动内容大胆绘画自己的设计想法。
2. 在设计中体验合作的乐趣。

活动准备

经验准备：知道民游博览会上各游戏的地点。

材料准备：大开的画纸、记号笔等。

活动内容

幼儿根据民游博览会上各游戏地点，绘画出相关游戏项目，设计出游戏地图。

活动要求

1. 在绘画时，注意各游戏地点的相关方位。
2. 游戏项目的绘画要贴合实际。

指导要点

在指导幼儿设计游戏地图时，注意引导幼儿根据实地情况进行地图设计。

活动延伸

1. 引导幼儿进行班级区域游戏地图的设计。

2. 在一日生活各环节中有意识地关注方位和空间关系，在散步时和幼儿聊聊幼儿园里各设施设备所处的环境，例如体能训练的大型器械在幼儿园的西南角，百草园在教学楼的东面等等。

（刘佳宇）

二十、劳动活动　布置博览会

活动准备

经验准备：了解博览会上所要进行的游戏项目。

工具和材料投放：游戏项目图标，游戏地图、各种装饰物品（如桌布，风车，民游吊饰等）。

活动内容

幼儿根据所选的各民游项目的内容、玩法，选取各合适的场地，并用各种吊饰，图标、桌布等装饰物进行布置。

活动前谈话

1. 交流博览会的游戏内容，引导幼儿了解每项游戏的玩法。

2. 鼓励幼儿说说博览会上各游戏项目适合在什么样的场地玩耍、该如何布置各游戏区域、各游戏区域需要哪些布置材料等。

3. 引导幼儿说说如何分组合作布置博览会上的各游戏区域。

4. 提醒幼儿布置博览会上各游戏区域时，注意根据各区域的游戏特点进行布置。

活动中的巡回指导

1. 幼儿在布置博览会上各游戏区域的时候，教师根据各游戏的玩法，指导幼儿合理利用游戏场地。

2. 注意引导幼儿根据各区域的游戏特点进行布置。

活动后交流和讨论

1. 鼓励幼儿说说本次布置活动中的劳动收获。

2. 引导幼儿说说在布置博览会过程中遇到的困难及困难最后是如何解决的，为下次布置梳理经验。

活动延伸

1. 引导幼儿将博览会场地布置用绘画的形式记录下来。

2. 日常生活中，可以进行教室内各区域的布置。

3. 散步活动时，可多参观各班级的区域，并多了解不同班级的区域布置情况。

（孙　翊）

二十一、实践活动　我们的博览会

活动目的

通过民间游戏博览会的举办，帮助幼儿了解办展的全过程，体验民间游戏的多样性，并在办展和参展的过程中发现问题、解决问题。

活动准备

经验准备：了解各种民间游戏的玩法。

材料准备：博览会体验卡。

活动内容

1. 承担办展任务的幼儿在教师指导下，照看好自己班级的展区，接待更多的幼儿来体验该项民间游戏，并在过程中向参与者讲述游戏的规则，带领他们玩游戏，完成游戏后，在参与者的体验卡上盖章记录。

2. 游览博览会的幼儿，带上自制的民间游戏博览会体验卡，自主去体验博览会上的各种游戏，并记录在体验卡上。

活动要求

1. 鼓励幼儿体验民间游戏博览会上的各个民间游戏，完成体验卡上所有项目。

2. 承担办展任务的幼儿在整场展览会中坚守岗位，遇到问题要及时和同伴、教师沟通，尝试自己解决问题。

指导要点

1. 博览会体验民间游戏时，教师注意指导幼儿遵守游戏规则。

2. 博览会上办展者和游览者的身份需要相互交换，确保每一名幼儿都有游览的经验，也要有办展的经验。

3. 根据幼儿园其他年龄段幼儿的需求，确定民间游戏博览会持续的时间。

活动延伸

借助办展经验在幼儿园其他场地布置班级小型的展览活动。

活动附件

博览会体验卡。

（刘佳宇）

二十二、生活环节渗透　一起来过游戏节

活动由来

为了让小班幼儿也能参与民间游戏博览会，充分感受民间游戏的乐趣，中班的幼儿邀请小班的幼儿一起来参与博览会。

活动准备

经验准备：幼儿知道游戏节上不同游戏的玩法和规则，并能用动作和语言表达。

活动内容和方式

在散步时间，教师引导中班幼儿去邀请小班幼儿参加博览会。在邀请时，引导幼儿说礼貌用语，并向小班幼儿介绍游戏节的精彩内容，说出游戏时间和场地等重要信息。

活动中的指导

1. 当幼儿语言表达不够完善时，能与同伴用动作来展示，并能完整说出游戏名称。
2. 鼓励幼儿设计游戏邀请卡，在游戏卡上呈现游戏内容和游戏时间。

（朱芳英）

二十三、区域活动　为小达人喝彩

经验联结

通过开展民间游戏节，幼儿亲身感受民间游戏，体验游戏节的快乐，根据已有的经验，大胆地结合活动情景以及日常生活中的经验进行创意制作。

活动目标

1. 通过欣赏游戏节活动视频，引导幼儿大胆表达参加游戏节后的喜悦之情。

2. 回忆游戏节中的情景，并用线条大胆表现。

3. 运用各种辅助材料设计、制作庆祝游戏节所需的物品，感受游戏节欢乐气氛。

活动准备

经验准备：幼儿有过节日的经验，幼儿有讨论节后庆祝的准备。

材料准备：各种辅助材料，如丝带、纽扣、吸管、纸、笔等。

活动内容

1. 设计游戏节颁奖活动奖品的款式。

2. 幼儿在白纸上进行设计、装饰，并进行裁剪，合理利用适宜的材料进行粘贴。

3. 幼儿分享自己的设计，并将作品布置在环境中，烘托气氛。

活动要求

绘画时注意画面构图，表现主题要突出。

指导要点

1. 教师指导进入美工区的幼儿，观察放置在区域中的各种材料，并和同伴分享自己的设计想法。

2. 教师观察幼儿的设计，指导幼儿注意绘画的整体布局。

3. 活动后的经验分享。教师布置幼儿作品，带领幼儿感受气氛。

活动延伸

教师和家长在日常生活中引导幼儿了解各个节日的庆祝活动。

（宋晶晶）

二十四、集体活动　博览会大分享

活动由来

这次的民间游戏博览会持续了一周的时间，每天上午的十点，博览会准时开放。每一次博览会的开放都会有所变化，承担办展任务的幼儿是轮流值守的，来参展的幼儿包括中班幼儿、大班幼儿，以及中班幼儿带领的小班幼儿，甚至还有家长代表。每一次开放活动中，幼儿都能发现一些问题，每次活动结束后，他们也在积极讨论问题解决的方法。于是，我们又组织了一次博览会的分享交流活动。

活动目标

1. 愿意与同伴分享自己在博览会中经历的事、参展办展的感受等。
2. 能用绘画的形式表现自己的所见所想。

活动准备

博览会的照片与视频、博览会体验卡。

活动过程

1. 播放视频照片，回顾博览会的过程。

（1）回顾、罗列博览会中所有的游戏。

（2）引导幼儿说说参展办展的感受。

2. 统计博览会体验卡，幼儿介绍体验过的游戏玩法。

（1）统计完成全部体验的幼儿数量，请部分没有全部体验的幼儿说说没有去体验的原因。

（2）鼓励幼儿回忆在民游博览会中体验了哪些民间游戏，介绍体验过的游戏玩法。

3. 用图画的形式直观形象地介绍博览会中的趣事。

（1）引导幼儿用图画的形式将博览会中最有趣的一件事画出来。

（2）展示幼儿的图画，引导幼儿介绍画中的内容。

4. 鼓励幼儿提出博览会需要改进的地方。

（1）提出博览会在办展时存在的问题与不足。

（2）提出宝贵的建议。

5. 游戏投票，进行统计。

（1）对博览会中最喜欢的游戏进行投票，并统计。

（2）针对投票数最多的游戏，引导幼儿在区域或户外继续探索该游戏。

活动延伸

1. 引导幼儿自行组织，在班级中进行博览会游戏。
2. 在区域活动中引入博览会中好玩的游戏。

（孙　翊）

二十五、调查活动　最受欢迎的民间游戏

活动由来

通过举办民间游戏博览会，幼儿参与体验了博览会上各种游戏。通过他们的体验记录单，能大致了解幼儿对各个游戏的参与情况，因此想通过此次调查来了解幼儿最喜欢哪个民间游戏。

活动准备

经验准备：幼儿有玩过各种民间游戏，了解游戏的玩法。

材料准备：游戏调查表、笔、贴纸。

调查对象和内容

民间游戏博览会上的游戏中，中班幼儿最喜欢的是哪一个。

调查前谈话

引导幼儿从体验过的游戏项目中选出一个自己最喜欢的，将贴纸粘贴在该游戏项目对应的方框内。

调查后汇总和讨论

1. 调查班级里所有幼儿在博览会上最喜欢的民间游戏是哪一个，将结果统计在调查表上。
2. 请幼儿去其他班级沟通，获得其他班级调查结果，并记录数据带回自己班级里。
3. 教师和幼儿一起统计每个游戏项目收集到的贴纸数量，从而选出贴纸数量最多的一个游戏。

活动附件

民间游戏调查记录表

游　戏	贴　纸	总　计

（陈颖竹）

民间游戏

主题回顾与反思

在本月的民间游戏博览会中，幼儿从打卡民游馆开始，通过经验梳理、亲身体验和实际操作等方式，探索民间游戏的多种玩法，同时教师对于游戏课程的把握与架构也有了重新的认识。幼儿通过学习各种民间游戏，发展了身体的各项机能，包括语言能力、手的灵活性、身体的协调性等。在学念童谣的过程中，幼儿了解了本地方言。幼儿对民间游戏也越来越有兴趣，从一开始的一无所知，到后来的了解游戏规则，遵守规则，并掌握游戏技巧，整个过程中的进步清晰可见。尤其是在"七巧板"和"金锁银锁"两项民间游戏的开展中，幼儿总结归纳了很多游戏技巧与方法。幼儿也乐于挑战更高难度的民间游戏，例如"挑花线"游戏，虽然前期幼儿学习的过程比较不易，但是后来学习完成后，幼儿很有成就感，一到空余时间就喜欢挑花线，并学会了合作挑花线等。最终幼儿通过举办游戏博览会，对自己所玩的民间游戏进行了一个回顾总结。在此期间，孩子们积极参与游戏博览会的场地布置，并承担游戏博览的任务，体验游戏的快乐。

主题实施过程中我们也发现了很多问题：幼儿在游戏博览会中，对于很多技巧性游戏的掌握不是很熟练；幼儿之间的差异也比较大，能力强的幼儿在博览会上的表现很好，能力弱的幼儿各方面表现不理想；幼儿在一些需要耐心的游戏项目上，注意力比较差；在博览会上需要用到本地方言的游戏中，很多幼儿存在发音不正确的情况。

所以，在实施主题时，教师要在户外游戏时多给幼儿时间和空间，引导他们积极参与游戏，及时给予肯定与帮助。在室内开展的各类民间游戏要渗透在幼儿的一日生活中，要鼓励能力强的幼儿帮助能力弱的幼儿，结对进行游戏，促进幼儿的发展。同时需要争取家长更多的支持与投入，通过家园合作，帮助幼儿提升掌握各类民间游戏的能力，体验民间游戏带来的快乐亲子时光。

系列活动方案

⭐ 炒毛豆（小班）

一、集体活动　炒毛豆

活动目标

1. 学会用方言朗诵童谣，并理解"炒""翻"等动词的意思。
2. 尝试同伴手拉手完成翻身动作，学习"炒毛豆"游戏。

活动准备

材料准备：收获毛豆的劳动场景视频。

经验准备：幼儿有过模仿炒菜的经验，在种植地有过参与拔草游戏、劳动的经验。

活动过程

1. 播放视频，引发活动兴趣。

（1）观看视频内容，提问视频中的人们在做什么。

（2）模仿收获毛豆中"敲打毛豆""翻炒毛豆"等动作。

2. 学习童谣，理解童谣的内容。

（1）教师完整念诵童谣，幼儿尝试复述主要内容。

（2）引导幼儿跟随教师逐句念诵。

（3）重点指导幼儿模仿"炒""翻"的动作，边做动作边有节奏地念童谣。

3.寻找伙伴，练习双人合作翻身动作。

（1）邀请幼儿展示自己多样的独自翻身的动作。

（2）教师展示双人翻身动作，引导幼儿寻找伙伴尝试双人翻身动作。

（3）幼儿自由寻找伙伴，寻找一块空地进行翻身练习。

（4）教师巡回指导，帮助幼儿合作完成翻身动作。

4.进行炒毛豆展示，进一步巩固双人合作翻身的技能。

（1）幼儿展示自己双人翻身的练习成果，分享翻身过程中遇到的问题。

（2）邀请顺利完成翻身动作的幼儿进行翻身，教师配合讲解，共同练习。

（3）共同总结顺利翻身的好方法：相握的手臂要举高，两人要朝着共同的方向翻身，各个部位要好好平衡才能完成翻身。

（4）鼓励幼儿继续练习合作翻身技能。

5.边念诵童谣边进行"炒毛豆"游戏。

6.随乐进行放松运动。

跟随音乐进行拉伸运动，揉捏大臂肌肉，完成放松活动。

活动延伸

1.在户外活动中进行推小车、滚地爬等活动，提升幼儿手臂力量和肢体灵活性。

2. 开展谈话活动，讨论翻身不成功的原因，师幼共同寻求解决办法。

3. 家园合作，与长辈一起说唱更多有趣的方言童谣。

活动附件

童谣《炒毛豆》

炒、炒、炒毛豆，

炒好毛豆翻一转。

翻、翻、翻被头，

翻好被头吃点心。

（钱一凡）

二、生活环节渗透　翻身小妙招

活动由来

幼儿在进行双人合作炒毛豆的游戏过程中，经常发生翻不过去的情况，经过观察和实践后发现是小班幼儿的手臂较短，造成翻身困难。在晨间游戏活动中教师应指导幼儿利用游戏场地上的玩具材料，寻找合适的帮助翻身的材料，探索游戏玩法。

活动准备

经验准备：幼儿掌握双人翻身技巧。

材料准备：木棒、绳子、呼啦圈、标记贴。

活动内容和方式

在晨练游戏活动中观察和发现场地上能够增长手臂的材料（如绳子、木棒、呼啦圈等），使用这种材料并进行双人炒毛豆游戏的尝试，寻找最方便翻身的材料与伙伴分享。

活动中的指导

1. 在幼儿获取材料辅助翻身时,教师帮助幼儿清理掉尖刺等危险因素。

2. 发现材料后教师及时帮助幼儿拍照或绘画完成材料登记,幼儿实践后用贴标记的方式及时在记录单上记下是否能翻身的探索结果。

活动延伸

1. 汇总幼儿记录单上能协助翻身的各种材料。

2. 使用各种材料进行"炒毛豆"翻身游戏,选出翻身最便捷的材料。

(钱一凡)

三、区域活动　毛豆爱翻身

活动目标

1. 使用多种材料进行双人炒毛豆游戏。
2. 找出最适合自己和同伴翻身的辅助材料。
3. 体验尝试与探索的快乐。

活动准备

经验准备：会双人炒毛豆游戏。

材料准备：收集的各类翻身辅助材料。

活动内容

幼儿使用翻身辅助材料进行炒毛豆游戏，寻找最方便自己和同伴翻身的辅助材料，进行多次游戏，并与其他同伴分享自己的发现。

活动要求

1. 提醒幼儿在使用辅助材料时一定要和同伴双手握在材料两端。
2. 在翻转过程中不要轻易松开辅助材料，以免材料掉落砸到幼儿。
3. 当发现翻不过去的时候及时翻回来避免受伤。

指导要点

在幼儿尝试多种材料的过程中，及时制止幼儿强行翻身的行为，以免造成损伤。

活动延伸

在户外活动时尝试"三人套圈"游戏，提升幼儿合作探究的能力，必要时用翻身辅助材料完成游戏。

（钱一凡）

四、集体活动　炒一个大毛豆

活动目标

1. 巩固炒毛豆翻身的动作，尝试多人合作翻身，完成炒大毛豆的游戏。
2. 体验集体游戏的乐趣。

活动准备

经验准备：会两两合作玩炒毛豆游戏。

活动过程

1. 热身运动：模仿毛豆的生长过程。

教师带领幼儿围成圆圈，做模仿动作。

2. 两两合作玩炒毛豆游戏。

3. 尝试三人玩炒毛豆的游戏。

（1）教师提出玩新的炒毛豆游戏。请三名幼儿来尝试炒毛豆的游戏，指导他们手拉手，相互商量好如何"翻"和"钻"。

（2）请所有幼儿三人合作玩炒毛豆的游戏，教师协助幼儿做好翻转的动作。

（3）教师选出游戏玩得熟练的幼儿再次示范，请大家模仿。

4. 大家手拉手围成圆圈，尝试炒一个最大的毛豆。

活动延伸

1. 在户外活动时引导幼儿多玩集体游戏。

2. 建议家长可以利用床单、毛巾被等把幼儿放在中间，让幼儿来当一颗大毛豆，爸爸妈妈来做炒毛豆人，锻炼幼儿的平衡能力，也能提升家庭亲子关系。

（钱一凡）

跳大绳(大班)

一、调查活动　我们都会跳绳啦

活动由来

幼儿在中班已接触到一些跳绳活动,并且利用假期进行练习,到了大班,幼儿准备尝试集体的跳大绳活动。在开展跳大绳活动前,为进行更有针对性的指导,根据孩子们目前的跳绳经验及掌握情况,进行集体及小组的调查活动,并依此了解幼儿最近发展区,进行分析,为后续指导活动的开展做好前期铺垫。

活动准备

经验准备:幼儿前期有一定的跳绳经验。

材料投放:跳绳调查表格、跳绳种类记录单。

调查对象和内容

1. 在班级中开展调查活动,调查幼儿的跳绳情况,统计有多少小朋友可以连续跳绳10个以上。

2. 对幼儿各小组每人目前会的跳绳技巧种类情况(如花样跳、跑跳等)进行调查及统计,并进行记录。

调查前谈话

1. 教师出示跳绳表格,并引导幼儿在户外活动时自主点数跳绳个数并做好记录,随后请班级幼儿代表统计能跳10个以上幼儿人数,注意不要重复记录,保证人数的准确性。

2. 教师组织幼儿在各小组间进行自我调查活动,引导每个小组成员分别针对跳绳中已掌握的跳法种类开展自我调查,调查时取一张跳绳种类记录单,并依次将自己所掌握的技巧通过绘画呈现出来,向组内成员介绍,随后幼儿组内选取一个小组长分享记录单。

调查后汇总和讨论

1. 教师将跳绳个数记录表单及花样跳绳记录表单进行张贴，并汇总小组调查后幼儿交流讨论的结果，将个数与花样跳绳结果分别进行统计记录并展示。

2. 请班级中跳绳数最多的幼儿分享自己跳绳的经验以及跳绳的练习方法，并邀请掌握不同花样跳绳的幼儿向其他幼儿展示多种跳法。

活动附件

（沈一凡）

二、区域活动　好玩的跳大绳

经验联结

经过前期调查，根据幼儿所掌握的跳绳情况，尝试集体性的跳大绳活动，在已有跳绳经验的基础上，通过选绳、甩绳、跳绳等方式丰富跳大绳的相关经验。本次活动也为前期铺垫活动，在集体跳大绳前帮助幼儿增加跳绳的经验，掌握跳大绳的技巧。

活动目标

1. 体验创造性玩绳的乐趣。
2. 能变换多种花样玩绳，发展动作协调能力，提高身体机能。
3. 学习甩长绳、跳大绳，感受跳绳活动的节奏感。

活动准备

经验准备：部分幼儿已有一定的跳绳经验。

材料准备：两条长绳、每人一条短绳。

活动内容

1. 幼儿首先随教师进行活动前热身，练习各种跳跃动作。
2. 进行分组练习，部分幼儿在一位教师的指导下，学习如何甩绳，另一位教师组织其余幼儿跳入绳圈。
3. 在教师指导下，幼儿练习如何一个接一个依次跳入绳圈，进行跳大绳接力，并用不同的方式进行跳跃。

活动要求

1. 跳大绳的时候在绳子上甩时进入绳圈并及时跳跃，注意观察绳子甩的节奏与进入的时机。
2. 跳跃后立即朝着原方向跑出，并依次排队。

3. 注意跳跃时的安全，被绳子勾住时不要急于跑出或继续跳跃，等绳子复位后重新挑战。

指导要点
在指导幼儿时，教师可以适当辅助，在幼儿后背轻轻助推提醒，帮助幼儿掌握甩绳子的节奏，并用口令的方式让幼儿跑出绳圈外。

活动延伸
1. 户外锻炼中组织幼儿自主练习。

2. 在班级中创设"今天我跳了多少"记录卡，组织幼儿运动结束后记录。

（沈一凡）

三、集体活动　勇敢向前冲

活动由来
跳大绳活动因为其挑战性与合作性，非常适合在户外开展团体运动游戏。而跳大绳活动在班级经历了前期的调查与初步的练习后，也逐渐成为幼儿喜欢且愿意尝试的一项集体运动。目前班级半数幼儿需要在教师的帮助下才敢于冲入绳圈跳，因此，通过练习、探索、合作互助等方式，开展"挑战"赛，帮助全体幼儿提高自主跳大绳的勇气，增强幼儿的合作竞争意识。

活动目标
1. 练习冲入绳圈跳大绳动作，提高手脚动作的协调性。

2. 能勇于自主跳入绳圈并尝试两人合作跳大绳，感受跳大绳活动的乐趣。

3. 主动参与团队竞赛，为胜利感到自豪。

活动准备

经验准备： 幼儿有花式跳跃的经验，并能在绳圈内进行连续跳跃。

材料准备： 长绳3条、奖励贴纸。

场地准备： 户外或开阔室内场地。

活动过程

1. 活动导入，激发幼儿参与跳大绳活动的兴趣。

（1）教师带领幼儿听着节奏明快的音乐做热身操：上肢运动—体侧运动—腹部运动—踢腿运动—关节运动—跳跃运动。

（2）引导幼儿回忆已经学会的跳大绳方式。

（3）幼儿集体交流，向同伴展示自己的跳大绳花样。

2. 活动探究，指导幼儿勇敢尝试自主冲入绳圈，并学习合作跳大绳。

（1）组织幼儿自由结对并探索冲进绳圈的方式。

（2）组织幼儿交流冲入绳圈跳大绳的方法。

（3）教师观察幼儿跳绳情况后，指导幼儿练习两人合作冲进绳圈进行跳跃。

（4）共同尝试练习，鼓励幼儿主动尝试合作跳大绳。

（5）请个别技能掌握较好的幼儿在集体面前示范。

3. 活动提升，组织幼儿开展跳大绳接力游戏"勇敢向前冲"。

游戏规则：幼儿分为两组进行跳大绳接力赛。幼儿自由记录跳的次数。2人同时进绳圈跳一下，记两分；1人进绳圈跳绳跳一下，记一分；进圈后跳多次，不重复记分。教师根据幼儿兴趣适时介入指导，提醒幼儿注意游戏的口令和规则，有序进行游戏，并按一分一贴纸进行记分。

4. 活动总结，共同点评比赛情况。

（1）引导幼儿调整呼吸，互相敲打腿部肌肉，与同伴一起放松。

（2）组织幼儿进行评价与交流：两组幼儿统计比赛贴纸得分。教师与幼儿共同点评在跳大绳过程中的技能掌握情况及游戏规则的遵守情况。

活动延伸

1. 在班级环境布置中，创设激励机制，以小组为单位。轮流跳进几个小朋友，就为小组张贴几张活动贴纸。

2. 在户外活动中，组织幼儿自主开展不限人数的跳大绳活动。

活动反思

在活动中，幼儿的情绪饱满，对活动的兴趣非常浓厚。但由于积极性很高，在集体教学中，活动容易失去秩序，教师需要把握好度，在保持幼儿兴趣的同时让幼儿遵守一定的规则。本次活动的重点是"勇敢向前冲"，旨在帮助幼儿勇于冲入绳圈，完成跳大绳。因此安排了两人合作跳大绳，其中跳绳经验较为丰富的幼儿能帮助经验匮乏的幼儿，通过合作带动他们的勇气，使幼儿敢于一起面对挑战。在指导环节中，教师着重关注弱势幼儿的表现情况，引导他们在技巧上、心理上敢于冲入绳圈跳大绳。

（沈一凡）

四、集体活动　跳大绳的我们

活动由来

跳大绳的过程中，孩子们有合作、有帮助、有挑战，不同的跳绳场地和方式也会给幼儿带来不同的情绪和表现，他们展现出丰富的表情与肢体动作，并运用到跳绳的活动中去，老师在过程中结合拍摄将部分画面记录下来，在活动后的环节中与幼儿们讨论，并引起了幼儿极大的兴趣，由此尝试利用绘画的方式自主记录表达意愿。

活动目标

1. 能用绘画的方式表现跳绳时的人物动态，表现画面中人物与景物之间的前后关系。
2. 能在绘画的过程中用积极愉快的情绪大胆表达自己的感受。

活动准备

经验准备：晨间开展跳绳活动，并引导幼儿观察同伴跳绳时的姿态。

材料准备：油画棒、纸、记号笔等。

活动过程

1. 视频导入，引发幼儿观察的兴趣。

（1）教师播放晨间幼儿跳大绳活动视频，引导幼儿观察并交流讨论。

（2）展开讨论，说一说你觉得谁跳得最好，你最喜欢谁的跳跃方式。

（3）请最受欢迎的幼儿展示一下自己的跳跃姿势，并邀请个别幼儿尝试。

2. 话题展开，引导幼儿关注不同人物神态、位置、环境，尝试进行绘画思考。

（1）师：刚才我们观察了一下小朋友们一起跳大绳的活动，谁来说说你从图片中发现大家的动作都是怎么样的？

（2）和幼儿共同讨论跳绳时人的头、手臂、腿的位置变化，引导幼儿发现不同情况下动作的特点。

（3）展示跳大绳图片，并引导幼儿讨论图片中不同人物的站位方向以及在画面中的位置，如两个甩绳人物的位置关系，和跳跃人物在图中的位置关系。

（4）启发幼儿再次观察画面，注意不同表情、姿态跳绳的人，如双腿并拢向上跳绳的动作、跳绳时很吃力、开心的表情等。

（5）鼓励幼儿大胆想象，画出热闹的跳绳场面。

3. 幼儿自主绘图，教师巡回观察指导。

提示幼儿将 1—2 个跳绳的人画得大些，画在画面中心位置，注意甩绳子人物面对面的方向以及跳大绳的人物方向。

4. 作品评价，展示交流。

展示作品，组织幼儿欣赏。找出想象丰富、中心突出、构图饱满、人物动作明显的作品，并请个别幼儿介绍自己画面中的内容。

活动延伸

1. 在日常谈话环节中，请幼儿观看精彩的花样跳大绳视频，引发幼儿继续探究的愿望。

2. 鼓励幼儿用绘画的方式记录自己的花样跳大绳掌握情况，并在教室区域中设置跳绳记录区进行存放和日常记录。

（沈一凡）

五、收集活动　有用的绳子

活动由来

跳绳游戏开始前，幼儿总会在绳区的材料筐里挑挑拣拣，挑一条最适合自己的绳子来跳。有的幼儿觉得麻绳好跳，有的幼儿觉得塑料绳子好，于是开始了对各种绳子材质的比较。绳子除了用来跳绳，还能有什么用呢？一次讨论中，有孩子提出了这个问题。那就顺着他们的兴趣，来一场绳子功能的探索吧。

活动准备

经验准备：对于不同材料的绳子有一定的认识。

材料准备：绳子种类及用途记录表格。

收集对象和内容

收集生活中各种各样不同的绳子（如毛线、毛纱片、塑料绳等），感受绳子种类的多样性。

收集前谈话

1. 鼓励幼儿在家中请家长协助一起收集绳子，并谈论绳子的名字、质地、用途等。

2. 请幼儿在家人的帮助下，收集一些当地特色的绳子，如毛线、毛纱片、涤纶线，收集完后贴上姓名带到幼儿园班级收集站中。

收集后汇总、展示、交流和讨论

1. 收集整理不同种类的绳子，进行统计记录，并请幼儿交流讨论不同绳子的外观特征及其用途。

2. 在班级区域中创设展示区，邀请幼儿将各种各样的绳子分类陈列在展示区内，布置绳子展览馆，组织幼儿自由参观，并和同伴聊聊自己所带的绳子。

活动延伸

1. 收集后的各种类别的绳子可放在区域内，供幼儿进行科学探索活动，深入了解绳子的质地、透水性、外观等。

2. 可以组织幼儿开展多彩制绳活动，利用各种材质的绳子尝试小绳、大绳的制作。

（沈一凡）

单个活动方案

一、集体活动　一只老虎一只猫（小班）

活动目标

1. 能单脚连续向前跳 2 米。
2. 体验方言童谣与游戏结合的趣味性。

活动准备

物质准备：老虎、猫造型玩偶各 1 个，呼啦圈。

经验准备：会双脚开合跳、单脚跳等跳跃活动，会念诵方言童谣《一只老虎一只猫》。

活动过程

1. 热身游戏"模仿老虎和猫"。

幼儿跟着音乐,边念诵童谣《一只老虎一只猫》"一只老虎一只猫,一只跟牢一只跳。跳过是只大老虎,摔倒是只煨灶猫。"边模仿老虎、小猫的形象动作,练习跳、蹲等简单的基本动作进行热身活动。

2. 幼儿尝试用多种不同的连续跳跃方式过呼啦圈小路,重点掌握单脚跳的动作。

(1)教师介绍呼啦圈游戏场地,引导幼儿使用多种跳跃动作完成呼啦圈中的连续跳跃。

(2)鼓励幼儿展示自己独特的跳跃方式,重点邀请幼儿展示、讲解单脚跳的具体方式。

(3)引导幼儿共同学习单脚跳的方法,尝试进行连续单脚跳。

3. 幼儿进行单脚跳运动会,并结合童谣中"大老虎""煨灶猫"的形象进行评价。

(1)创设单脚跳运动会游戏情境,教师介绍单脚跳运动会的游戏规则。

(2)幼儿随音乐进行单脚连续向前跳的活动,再次强调单脚跳动作完成的要点,提醒幼儿前进途中一只脚不可以落地。

(3)鼓励幼儿用"大老虎"评价完成单脚跳前行要求的自己或伙伴。

4. 邀请"大老虎"示范单脚跳的要领,巩固单脚跳技能。

(1)邀请幼儿分享在单脚跳运动会中遇到的问题,教师做好梳理总结。

(2)邀请"大老虎"示范单脚跳动作,教师配合讲解,共同练习。

(3)共同总结单脚跳成功的秘密:单腿、单脚要有力气,身体的各部位才能保持平衡。

(4)鼓励没有完成单脚跳行进的幼儿多加练习。

5. 随乐进行放松活动。

活动延伸

1. 户外活动中开展"跳房子""袋鼠跳"等跳跃活动，提升幼儿腿部力量，掌握更多跳跃方式。
2. 设置障碍，鼓励幼儿跳过适宜高度的物体。
3. 家园合作，与长辈一起说唱更多有趣的方言童谣。

活动反思

本次活动结合幼儿喜爱的方言童谣《一只老虎一只猫》进行，幼儿在前期知道了"大老虎""煨灶猫"的含义，在单脚跳运动会环节中努力练习争做"大老虎"。但在活动过程中，部分幼儿由于肢体协调性和腿部力量的不足出现另一只脚落地、站立不稳等情况。针对此情况，后续活动中可以引入跳房子、袋鼠跳等活动，提升幼儿的跳跃能力，在后期可以根据幼儿发展情况设置一定高度的障碍鼓励幼儿跳跃过去，进一步提升腿部力量。幼儿在结合童谣的健康活动情境中更加投入。后续活动可以继续收集更多有趣的童谣，并带领幼儿结合童谣内容创造新玩法。

（钱一凡）

二、集体活动　　赛龙舟（中班）

活动目标

1. 能用序数词"第几"准确表示物体排列的顺序。
2. 感知 10 以内的序数，会判断物体在序列中的位置。
3. 体验龙舟排位竞赛的快乐。

活动准备

材料准备：多媒体课件、船票若干。

经验准备：幼儿已经体验过赛龙舟游戏。

活动过程

1. 观看幼儿亲身体验的赛龙舟游戏视频，帮助幼儿回忆赛龙舟游戏的有趣，激发幼儿参与活动的兴趣。

2. 游戏准备，感知物体的具体位置。

（1）出示两条不同颜色的龙舟，引导幼儿观察两条龙舟的异同，辨认龙头和龙尾，同时感知龙舟座位的总数是不变的。

（2）认识船票，感知船票信息和龙舟位置的关系。

3. 开始游戏，按提示找到准确的位置。

（1）第一轮游戏：每组各出8人，两队同时开始，根据船票找到位置，每找对一个位置，龙舟就会前进一格，最先到终点为胜。

（2）第二轮游戏：幼儿根据船票信息，快速找到位置，两队同时开始，音乐停止游戏结束。

活动延伸

1. 收集各种票据（车票、船票、机票、电影票等），布置票据展板，感受票据的多样性。
2. 在日常生活中继续开展各种活动，引导幼儿设计票据并运用在游戏中。

活动反思

对号入座是培养孩子规则意识的一种形式，票据的认读对孩子来说具有一定的挑战性，如从船头到船尾的第几个位置，从船尾到船头的第几个位置等，只有正确认读才能准确地判断位置，这也是本次活动的重点。在幼儿熟悉后，可以引导幼儿设计游戏票、电影票等，从而提高孩子的动手能力和规则意识。

（刘小娟）

民间游戏

三、区域活动 拍花箩（大班）

经验联结

幼儿在学习了"幸福的种子"丛书中的《拍花箩》之后，了解了问答式童谣，对童谣的节奏、"提问＋数字＋事物在做什么？"的基本结构都有了一定的了解，他们也想自己创编出有趣的童谣，便在区域活动时尝试模仿、创编。

活动目标

1. 模仿《拍花箩》体裁，愿意尝试创作问答式童谣。
2. 能在念童谣时，使用辅助材料进行节奏匹配。

活动准备

经验准备：会拍手念童谣。

材料准备：圆舞板、纸、笔、各种收集的图片。

活动内容

幼儿收集日常生活中看到的现象或者有趣的图片，作为创编童谣的素材。能将这些现象代入童谣格式。用身体（如手、肩）或其他材料（如铃鼓、碰铃、空水瓶）打节奏。

活动要求

1. 幼儿在模仿创编句子的时候要注意量词的使用、节奏的对称。
2. 在一问一答中，两人可以商量交换角色。

指导要点

1. 幼儿能与同伴面对面进行诵读和创编，可以根据内容创编动作，加深印象。
2. 熟悉"一问一答"的游戏规则后，可以将"你拍几呀"换成"你去哪儿"，回答变成各地的地名。

活动延伸

1. 提供多种体裁的童谣录音，让幼儿听录音学念童谣并创编。

2. 收集不同的童谣绘本，幼儿根据画面内容自己念童谣。

3. 可以利用其他发声材料打节奏，发现童谣的不同韵律。

活动附件

《拍花箩》

拍呀拍呀，拍花箩呀，红草地呀，绿马车呀。

你拍几呀？我拍一呀，一只蜗牛上楼梯呀。

你拍几呀？我拍二呀，两只蚂蚁抬花瓣呀。

你拍几呀？我拍三呀，三条鲤鱼滚下山呀。

你拍几呀？我拍四呀，四方的招牌没有字呀。

你拍几呀？我拍五呀，五只大熊打花鼓呀。

你拍几呀？我拍六呀，六个老伯卖烤肉呀。

你拍几呀？我拍七呀。七只野狼抱小鸡呀。

你拍几呀？我拍八呀，八脚的章鱼坐沙发呀。

你拍几呀？我拍九呀，九只老虎拍皮球呀。

你拍几呀？我拍十呀，十只青蛙跳进荷花池呀。

扑通！扑通！扑通！扑通！扑通！扑通！扑通！扑通！扑通！扑通！

一共十只青蛙，错了没有？没错，再来玩。

（邱娟娥）

四、调查活动 跳房子（大班）

活动目标

1. 在民间体育游戏中发展各种跳的能力并提升身体的协调性。

2. 同伴间相互合作拼搭"房子"，体验合作的快乐。

3. 能按要求做出相应的动作并遵守游戏规则。

活动准备

经验准备：幼儿已有一些民间游戏的经验。

材料准备：竹棒若干、两段不同的音乐旋律（热身、放松）。

活动过程

1. 游戏导入，激发幼儿参与民间游戏的兴趣。

依次进行炒毛豆、剪刀石头布、高人矮人走、斗鸡等民间游戏热身活动。

2. 游戏互动，指导幼儿探索跳房子游戏玩法。

（1）教师组织幼儿分为红、蓝两个小组，每组选择对应颜色的竹竿合作完成跳房子游戏场地搭建，即创设基础游戏场景。

（2）教师在旁引导幼儿大胆尝试如转身跳、跑跳等各种跳法，并指导幼儿在跳跃时注意与前后幼儿的距离，及落点在"房子"竹竿内，加强幼儿游戏探索及规则意识。

（3）提高难度，在"房间"中由易到难放上大雪花片，并指导幼儿用不同方式跳跃，如双脚跳、单脚跳、正跳、斜跳等避开"房客"。

（4）介绍新跳法：单双脚交替跳方式，并指导幼儿进行练习。

（5）接力赛取金币：红、蓝两组每组依次用刚才所学的跳跃方式进行跳房子比赛，一名小朋友跳到房子顶部后，将金币放在推车里，接下来第二名出发，最先把金币装完的队伍获胜。

（6）利用绳子、木板等材料将两个"房子"连接起来，变成循环式，集体用喜欢的跳跃方式挑战跳更多样式的房子闯关游戏。

3.结束游戏，进行身体放松活动。

活动延伸

1.在户外活动中引导幼儿尝试利用不同材料搭建并尝试更多跳房子游戏。

2.在家中鼓励幼儿和家长进行游戏练习及比赛。

（沈一凡）

活动叙事

⭐ 我是陀螺小达人

活动由来

这个月是我们的民间游戏节，孩子们都要争做"民游小达人"。每到晨练时间，他们就按照各自的练习计划去各区进行练习。这几天，孩子们围聚在陀螺区，这是怎么回事呢？原来坤坤小朋友已经学会了打陀螺，他一直在陀螺区传授打陀螺的秘诀呢！好多小朋友在他的带领下对陀螺产生了兴趣，都想成为"陀螺小达人"。陀螺是怎么打起来的呢？怎样才能成为"陀螺小达人"呢？

一、练习打老式陀螺

比赛的陀螺跟孩子们平时玩的塑料陀螺不一样，它是抽打的老式陀螺，这种陀螺的玩法不简单，孩子们遇到的第一个问题就是不会绕线，这可怎么办呢？

1. 线总是松怎么办？

这天，甜甜左手拿着陀螺，右手拿着绳子，用力拉紧绳子，第一圈绕好了，可是绕第二圈的时候第一圈线松了，她急得满脸通红。其他的孩子也没有成功，笑笑的绳子也松了，挠着头在想办法。昊昊试了几次都不成功，跺着脚说道："我不会，不想玩了。"

在试了多次后，"怎样绕线不会松掉"的问题引起了他们的思考。

坤坤说："我找到了方法。"于是他有模有样地当起了小老师，一边示范一边说道："要捏住这个线头的。"只见坤坤用大拇指把线头紧紧捏在陀螺上，然后开始绕线，绕完一圈后再将大拇指从中抽出来。锴锴赶紧照着坤坤的方法试了试，果然也成功了，他举起卷好线的陀螺说："坤坤的方法真好，我绕的线也不会松掉了。"

于是，他们把这种方法一个个地传授给了其他同伴，很多孩子都尝试了，并取得了成功。

2. 怎么让陀螺转得更久？

学会绕线不代表会打陀螺，陀螺比赛的规则是看谁的陀螺转的时间长，每个孩子都在想办法让陀螺不要停下来。

围绕着怎样让陀螺转得更久，孩子们进行了长时间的尝试和练习。他们发现有时陀螺明明刚下地时还转得好好的，绳子一抽反倒停止了转动，而当绳子用力抽打陀螺那一下，陀螺就会转得更加快。在观察、探究中，他们了解到原来抽打陀螺时要顺着陀螺转的方向抽，而且要抽打在陀螺底部，这样才能让陀螺转得更久。

但是，知道方法也不代表就能学会，还是有很多孩子没能把陀螺抽打起来。这些还没有学会的孩子并没有放弃，他们不断尝试，一遍不行再来一遍，在坚持不懈的努力下，终于能将陀螺抽打得

旋转起来。学会这个老式的抽打陀螺，孩子们无比满足，纷纷表示想比一比谁的陀螺转得更久。

3. 哪种地面最适合打陀螺？

练习打陀螺时孩子们总喜欢围在旗杆边的一块地方，明明那里已经很挤了，可大家还是都想去那里。亦萱说："在那边打陀螺容易转起来呀，我在这里总是打不起来。"

回到教室，我们讨论了关于打陀螺场地的话题。

大家都说在旗杆下的那块地方打陀螺，陀螺转得会比较稳比较久。

这时正业说："我觉得在走廊里打陀螺也很好的，陀螺不会乱跑。"

昊昊说："我喜欢在教室的地板上打陀螺，因为陀螺转的时候会发出'嗡嗡'的声音。"他们叽叽喳喳地说着各自的想法，说起了幼儿园里各种各样的地面。交流后，他们有了新的想法：在不同的地面都试着打陀螺，说不定能找到更适合打陀螺的地方！于是，我们的打陀螺地面大搜寻活动开始了，经过几天的尝试和感受，孩子们有了自己独特的发现。

例如西面大长廊（PVC地面）很光滑，陀螺容易转起来，转得最久，很安静；旗杆周围（大理石地面）较光滑，较宽敞，陀螺较容易转起来，转得较久，有轻微的声音；教室（地板）较光滑，较拥挤，陀螺较容易转起来，转得较久，有较微的声音等等。

经过比较，孩子们一致选出了最适合打陀螺的地面——旗杆周围的大理石路面。

4. 幼儿的学习与经验

在陀螺"小达人"争夺活动中，幼儿能够根据自己的想法制定计划并实施，说明幼儿的自主能力在活动中得到了进一步的提高。在发现陀螺很难转起来后，他们没有放弃而是通过同伴互助的方式去学习，不仅发展了手眼协调能力以及手部精细动作，还加强了幼儿的交往能力。在练习抽打陀螺时对幼儿的手眼协调能力要求更高了，他们也在不断弯腰抽打中锻炼了肢体的灵活性。在寻找最适合打陀螺的地面时，对幼儿园多种地面进行多感官探究，对事物的多样性和适宜性有了初步的了解，也知道了只有通过实践才能更好地得出结论。在探究绕线方式和抽打陀螺方向时，他们尝试、失败、再尝试、再失败……直到部分幼儿成功，再到大部分幼儿成功，这一过程考验了幼儿的耐力和坚持力，这也正是幼儿学习与发展所需要的一种良好的学习品质。从练习到发现问题，从发现问题到解决问题,从解决问题再到各种有意思的探究,让幼儿的经验不止步于打陀螺技能的增长,还促进了幼儿其他经验的增长。

5. 教师的思考与支持。

在练习过程中教师一直是观察者,并没有过多介入幼儿的学习过程,只在幼儿经验需要进一步提升时给予足够的支持。如发现幼儿只在一个地方练习打陀螺时,引导幼儿分析原因,并支持幼儿去多种地面打陀螺,从而了解不同地面的材料及特性。幼儿间的相互学习和自身兴趣所引发的只是浅层次探究,更深层的意义在于他们在练习打陀螺时的坚持和专注。教师关注到这点,并一直引导幼儿通过不断分享交流保持这种专注度。

二、来当陀螺修理工

一天,陀螺区材料筐里的陀螺被孩子们嫌弃了,这是为什么呢?

1. 小珠子怎么掉了?

阳阳:"老师,这个陀螺坏啦,好难转起来呢!"

我问:"为什么难转呢?看起来不是好好的吗?"我拿起一个陀螺。

阳阳抢过我手里的陀螺,把它转过来,指着陀螺的底部说:"这里有个小洞。"他还在篮筐里找到了一颗小钢珠,告诉我小钢珠掉了。

我问阳阳:"呀,这个陀螺的小珠子掉了,你打算怎么办?"

阳阳说:"换一个吧!"说完他就去筐里拿陀螺,他一连拿了三四个陀螺都放下了,抬起头沮丧地跟我说:"老师,怎么这些陀螺都没有小珠子啊?"我一看,还真是,剩下的陀螺底部小钢珠都掉了。

2. 我要把小珠子塞回去！

看到这么多掉了钢珠的陀螺，阳阳决定去修理一下。到了教室，阳阳用双面胶粘在小钢珠的一边，撕掉胶纸后把小钢珠再按到陀螺底部的小洞里，还不忘把陀螺倒过来摇晃几下，看到小钢珠没有掉下来，阳阳满意地把陀螺放在一边，还很自豪地和小伙伴们介绍自己是如何发现陀螺的小秘密，又是怎样把它修理好的。

吃完午饭，陀螺比赛一如既往的在教室外的东走廊开始了，阳阳向小宝热情地推荐他刚修好的陀螺，并且在游戏过程中目光始终追随着陀螺。小宝打陀螺技术不错，陀螺脱离线圈后快速地转了起来，眼看着对手的陀螺快要坚持不住，胜利即将属于小宝的时候，随着轻轻的一声"啪"，小钢珠弹开了，离开了小钢珠的陀螺很快就转得歪歪扭扭，一会儿就停了。阳阳忙跑过去寻找原因。

阳阳跟同伴说了原因，并商量着一起去修理陀螺。他们尝试用胶水和胶带把小钢珠送回小洞里，但效果都不太好。用了胶水的陀螺转着转着小钢珠又会掉出来，贴了胶带的陀螺比较难转动。于是他们开始向我寻求帮助，问我有什么办法，我跟他们一起寻找了各种可以粘贴的材料，最后选择了胶枪这个工具。在我的帮助下，我们成功固定好了小钢珠。

3. 小珠子找不到了怎么办？

下午户外活动时间，孩子们把修复成功的陀螺送回了民游区。当他们提议把坏掉的陀螺都拿到班级去修理时，却发现小钢珠都找不到了。

"没有小钢珠怎么修好这些陀螺呢？"小宝问。"我知道，我知道，可以用弹珠代替小钢珠。"阳阳喊道。可拿回弹珠一看，弹珠比陀螺底部的小洞大了不少，根本放不进去。"我们得找其他的材料才行，大小要正好。"月月说。

有了寻找小钢珠替代物的想法，孩子们开始寻找材料。他们找来了果子、树枝、小石子……可是之后讨论发现果子容易瘪掉、地上的小树枝会断掉、小石子不圆……

一天在木工区游戏时，孩子们看到了一个圆木片中间有个钉子的作品，出于对陀螺的探索，他们看到什么都要转一转。一转他们发现钉上钉子的圆木片居然能转起来。子轩像发现新大陆那般兴奋地说道："我知道用什么来代替小钢珠了。"于是，他们又开始了新的探索。

4. 我们发现钉子能代替小钢珠！

子轩把钉子敲在了陀螺底部原本小钢珠的位置上，然后试着用手转动陀螺，陀螺转起来了，他又试着绕线后抽打陀螺，陀螺也转起来了。小钢珠替代物寻找初步成功。其他伙伴看到了后，也纷纷用了子轩的方法进行了陀螺的修补，不一会儿，陀螺的底部都被钉上了钉子。孩子们还非常负责地把每个修补好的陀螺都尝试了一遍，确保陀螺都能转动起来。

5. 幼儿的经验与学习。

坏掉的陀螺是幼儿游戏的意外衍生物，却是他们自主探究的一个导火线。当他们发现坏掉的陀螺后，主动提出要去修复，在修复时通过动手操作了解了各种粘贴材料的作用。在修复陀螺的这一过程中，他们尝试粘贴小钢珠、进行陀螺比赛失败、寻求老师帮助、寻找钢珠替代物，一步步在实践中发现问题，在思考与操作中解决问题。这个发现问题、解决问题的过程就是幼儿自主学习、专注探究的过程。正如《指南》中所说的：幼儿的学习是以直接经验为基础，在游戏和日常生活中进行的。

6.教师的思考与支持。

在第一次修复陀螺时，教师就能预想到幼儿的修复不会成功，但教师没有去干预，也没有直接告知答案，而是让幼儿自主去探究，自己去寻求答案。如何进一步让幼儿对陀螺修复进行深入的探究，是教师一直思考的问题。作为教师，要把幼儿放在第一位，凡是幼儿能够自己做的，让他们自己去做；凡是幼儿能够自己想的，让他们自己去想。正是这样的做法，促使幼儿主动去寻找通向成功的路径。在修复陀螺的过程中，教师也一直以最大限度地支持满足幼儿通过直接感知、实际操作和亲身体验获取经验的需要。

三、我是修理陀螺的小达人

孩子们把修理好的陀螺放回材料筐，还自豪地向同伴们说起自己修陀螺的事情，介绍他们玩自己修好的陀螺。

1.怎么没人玩修好的陀螺？

过了几天，孩子们发现修好的陀螺还是不太受欢迎，总是被挑剩下。到底怎么回事呢？通过对比，他们发现修理好的陀螺转得不够久不够稳，不容易赢得比赛。孩子们开始寻找方法，试图把这些陀螺修得更好，让它们真正得到新生。

2.钉子怎么钉才直？

子轩和俊亦都用修理的陀螺进行比赛，几次下来，都是子轩获胜。两个好朋友一起研究，为什么同样都是用钉子修好的陀螺，一个转得又快又稳，另一个却转得歪来歪去一会儿就倒下了呢？子轩拿起两个陀螺比较了很久，很肯定地说："你这个钉子钉歪啦，所以转转就停下来啦，你看我的钉子很直的。"

俊亦有些不服气，他又拿起一个需要修复的陀螺，找了钉子和锤子再次尝试。可是钉着钉着，

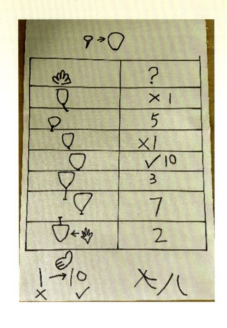

就歪向了一边，他停下并看着旁边的子轩怎么修复。只见子轩先用左手拿住钉子，右手轻轻快速地用锤子敲钉子，每敲进一点点他都停下来看看钉子有没有歪。发现钉子有歪的趋势，就马上变换锤子的方向，把钉子一点点敲到歪着的另一边，一边钉一边调整，直到敲到他满意的程度。俊亦学着子轩的样子，一边敲钉子，一边随时变换锤子的敲打方向，直到钉子几乎都钉到陀螺底部。等敲完钉子俊亦让子轩帮忙试试，子轩抽打了一下陀螺，发现陀螺转得更稳更久了。俊亦在一边说："你的钉子向里面敲敲，再敲敲，说不定就跟我修的一样了。"一边又拿起了一个需要修复的陀螺开始向陀螺底部敲钉子。子轩照着俊亦说的，又尝试了一次，这次钉子几乎全部敲进了陀螺底部，只留了钉子头在外面。敲完，子轩自己试着抽打了一下，陀螺转得比刚才修复的都要稳和持久。

在游戏分享的时候，为了让其他小朋友也知道他们的新发现，子轩和俊亦画了一个记录表，用简单的图标记录钉子的敲打方式和敲进陀螺底部的深度在打陀螺时候的不同效果。

3. 钉子怎么拔出来?

看到他们的成功，更多孩子加入到修理陀螺的队伍里来，没过几天，掉了小钢珠的陀螺底部都被敲上了钉子。这时候还要加入修理队伍的孩子发现没有陀螺可以修了，他们想着怎么把之前敲歪的钉子拔出来，但试了很多方法也没有成功。俊豪提醒他们，锤子用来敲打的另一面可以用来拔钉子，孩子们试了一下，可能钉子钉得太紧，还是拔不出来，最后在大家的共同努力下敲歪的钉子才被拔出来。孩子们还对木工区的工具产生了探究的兴趣。从木工铅笔到小锯子，从三角尺到木头固定器，他们开始探究这些工具独特的用法并发现：木头固定器是用旋转固定的方式将固定器先固定在需要操作的地方，再用旋转固定的方式固定木板等需要固定的东西。木工铅笔比一般的铅笔要粗一点，颜色深一点。幼儿园的锯子有框锯和刀锯，在使用锯子的时候稍微斜一点会更有效果。钳子有很多种类，木工区里有尖嘴钳、钢丝钳、断线钳、大力钳、打孔钳。

4.抽打陀螺的绳子掉了怎么修？

陀螺修理都完成了，孩子们发现还是有许多陀螺留在篮筐里没人玩，这又是为什么呢？这些可都是好陀螺。再到放打陀螺棍子的篮筐里一看，才发现那里棍子上的绳子都没有了，只有几条破旧的绳子散落在篮筐里。有了之前修复小钢珠的经验，他们开始寻找合适的工具和材料来修理小棍子。

（1）找绳子，试方法。

回到教室，孩子们用教室里收集的各种线进行了

尝试，有棉线、中国结线和本地特有的一种用毛纱线纺成的带子，固定线的方法也是多种多样，有用双面胶把线粘在棍子一头的，有用宽透明胶带把线粘在棍子一头的，也有用打结方法把线系在棍子一头的。修理完成后，大家发现打陀螺的线不能太细，要有一定重量，最重要的是只有打结系在棍子一头最牢固。

这下问题又来了，教室里有点粗又有点重量的线并没有多少，要修复坏掉的打陀螺棍子并不够。欣欣第一个提议："我们修陀螺的木工区边上不是有很多绳子吗？我感觉那里的绳子比这些粗一点，我们还是到那里去修吧。"这一提议很快得到了小伙伴的响应。

午饭后孩子们来到了编织区，还真找到了合适的陀螺线，每个人都想试着修好棍子，可忙活了一通，才修好了两根棍子。宣宣说这样太慢了，修快一点的话下午游戏就能用上修好的棍子了。可是只有欣欣和宣宣会打牢固的结，其他人打的结总是一拉就松掉。怎么才能学会打结呢？孩子们又开始互相学习新本领了。

（2）学打结，练打结。

下午编织区更热闹了，馨怡拉着欣欣说："欣欣，你不是要教我打结的吗？我也要打不松掉的结。"欣欣对馨怡说："你看着我打结吧，我也是看我妈妈打结学会的。"馨怡这次很快就学会了打牢固的结，她也加入修理陀螺棍子的队伍。更多孩子想学习打牢固的结的方法，但欣欣和宣宣都忙着系绳子，没有教他们。这时候钱晨想了个办法：请会打结的人把方法画下来给大家看，大家就不用一个一个去学了。欣欣回教室以后画了三幅图，但孩子们看不懂，还是学不会打结的方法。他们提议，把欣欣打结的样子拍下打印出来，大家照着她打结的照片学，于是越来越多的孩子学会打结了。

民间游戏

只会打结其实还不够，有的小朋友会打结但打的结总容易松掉，有的小朋友打的结很大很费绳子。他们在练习打结的时候还发现有的结可以抽出来变回原样，这是抽结；有的结系在一起就很难打开，这是死结。原来只是打结，就有这么多的讲究和门道。

最后，他们总结：打死结最牢固，打两遍死结，绳子就更牢固了！

5. 修好的陀螺和新的一样好玩！

棍子、陀螺都修理成功，孩子们将修理完的陀螺放回了民游区，这次他们发现别的班级小朋友在选择陀螺的时候，不再挑选陀螺和棍子，修好的和原来的一样好玩，陀螺修理真的成功啦！

6. 达人也可以是这个样子的！

在和其他班级的幼儿一起玩打陀螺的时候，孩子们都会很自豪地向他们介绍这是我们班修理好的陀螺。在讨论什么样的人才是"小达人"的时候，许多孩子都认同玩游戏赢得比赛的人是"小达人"，俊俊提出来，我们都把陀螺修理好了，大家才能有这么多的陀螺可以玩，我们也是"陀螺小达人"。这个提法得到了班级里大多数孩子的认同，孩子们对"达人"的理解也更广泛更深入了。

7. 幼儿的经验与学习。

塞回小钢珠到寻找小钢珠替代物的过程是幼儿经验提升的过程，而寻找陀螺如何修理得更成功的过程，则是幼儿深度探究的过程。在提出一个问题后，对这个问题做多方面的假设与预测，在解决问题前有思考并制定探究计划，也能根据日常经验合理地推想，做到因果联系、合乎逻辑、合理选择需要的工具为自己的探究活动服务，不断地反思矫正，使自己始终向着目标前进。在修理陀螺绳时，幼儿在操作中发现合作不仅节约时间，还可以将事情做得更好，从而激发幼儿乐于合作的精神。幼儿之间的相互学习，也让我们看到了他们学习的多样性，在讨论、交流的过程中，各自说出探索中的发现与感受，在争论中产生进一步探究的动力，将同伴的已有经验转化为自己的经验。在这个过程中幼儿通过观察同伴、自身操作、相互学习、尝试记录分享获取了更多关于陀螺修理的经验，同时他们的语言交流和社会交往能力也得到发展。

8. 教师的思考与支持。

在进一步修复陀螺的过程中教师一直在思考如何支持他们的想法，当教师还没有想好策略，而是直接把问题抛给幼儿时，他们很自然地在游戏中寻找到了解决方案。这就是幼儿独特的学习方式，教师应该鼓励并支持他们，让他们在游戏中自由探究、创造、学习。绳子打结以及小达人的评判是幼儿生活经验的一种体现，在整个探索过程中，教师一直引导幼儿实践、反思、调整，培养他们思维的条理性，丰富他们的生活经验。最后，他们也感受到了"达人"的不同意义，体会到了成功的满足感。

9. 总结。

孩子们成功修理陀螺以后，对修理玩具产生了浓厚的兴趣，看到踩坏的高跷、散架的弹弓，他们的第一念头就是：我要怎么修？需要什么材料？要用哪些工具来修理？从"坏了？换一个吧！"到"坏了？修一下吧！"，这是孩子们自主发现问题、解决问题的过程，是勇于尝试和探究的过程，更是孩子们珍惜物品、乐于探究、主动学习的良好品格养成的过程。

在《我是陀螺小达人》的故事中，教师能努力支持孩子的行为，给予孩子及时的帮助，将孩子游戏中遇到的问题作为课程的资源，也将幼儿园丰富的区域环境作为课程的资源，让孩子充分和资源互动起来，形成连续的、深入的活动，才能实现"资源—活动—经验"的转化。

（沈小英）

 一起编花篮

活动由来

"陈老师，昨天我们参加亲戚家的宴会，你猜他们的礼盒是怎样的？"——兴奋地跑过来对我说。

我回答道："怎样的啊？是不是很漂亮的纸盒，里面装了好多好多你最喜欢吃的零食？"

——开心地说："对，零食是我最喜欢吃的，但你知道这些零食是装在哪里的吗？"

我笑着说："肯定是装在礼盒里的呀。"

——做了个鬼脸说："装在一个漂亮的花篮里的，你见过吗？"

我疑惑地说："我没见过，那肯定很漂亮！"

——说："对啊，这个花篮超级漂亮，回家后我把上次母亲节的时候送给妈妈的花放进了这个花篮里，我开心极了，妈妈也很开心，老师你猜妈妈还告诉我什么？"。

我摸摸她的头说："妈妈是不是说，——你真厉害、真聪明！"

——拉着我的手说："嗯，妈妈先表扬了我，还告诉我她们小时候玩过"编花篮"的游戏，我很好奇怎么还有"编花篮"游戏，我就缠着妈妈让她教我，我们还让爸爸一起玩，可是爸爸妈妈太重了，我太轻了，都没玩起来，但我好想玩这个游戏，老师你小时候玩过吗？"

我说："玩过啊，等下我们一起来学一学、玩一玩吧。"于是"编花篮"游戏就这样开始了……

一、编花篮游戏怎么玩

1. 先要学会编花篮童谣。

一一的兴趣激起了我儿时的回忆,于是,在班级中我问孩子们:"一一说昨晚跟妈妈玩了编花篮游戏,虽然她们没玩起来,但她很想玩这个游戏,你们知道这个游戏怎么玩吗?"

芯芯举起小手回答道:"我见过别班的小朋友玩过,是用脚绕在一起的。"

这时,圆圆补充道:"好像他们是边念边玩的。"

我又问道:"念的什么呀?"

元宝瞪大眼睛说:"我知道我知道,是用横扇话念的,有'编花篮'几个字的。"随即,他用不太标准的横扇话念道:"编花篮"。

其他孩子听了后,咯咯笑了。

于是,我便提议道:"我们一起来学学这首有趣的编花篮吧。"

孩子们异口同声地说:"好……"

"编、编、编花篮,

花篮里面有小孩,

小孩名字叫什么?

叫花篮。

编、编、编花篮,

花篮里面有小孩,

蹲下去、站起来,

我们一起编花篮。"

编花篮的童谣很简短,当我念第二遍的时候,已经有孩子跟着一起念了。当念到"蹲下去,站起来"

时,有孩子问这是什么意思,点点边做动作边说道:"就是这样,蹲下去再起来。"在理解童谣意思后,孩子们很快就都跟着念了起来。祺祺晃着小脑袋说:"躲在花篮里一定很有趣吧。"

2.玩编花篮游戏。

孩子们掌握了"编花篮"童谣后,迫不及待地想玩游戏了。

(1)"花篮"一下子就"破"了。

我从民间游戏资源库中找到一段编花篮游戏视频,播放后我问孩子们:"你们看到了什么?你们发现了视频里的小朋友是怎么编花篮的吗?"

菲菲说:"我看到他们都是一只脚跳。"

萌萌说:"我看到他们的脚是朝后面伸的。"

芯芯说:"他们好厉害,脚放在一起很长时间都没有掉下来。"

思思说:"我看到他们都是手拉手的。"

"孩子们观察都很仔细,我们的编花篮游戏就是用一条腿勾着,又用另一条腿跳,如果你和同伴都用右脚勾着,那么就都用左脚来跳。"说完,我请四个小朋友来跟我一起示范,我先让他们跟我一起手拉手站好,请其中一名小朋友用自己的右腿脚背勾住自己和边上小朋友紧握的手,单脚站立,然后再请排在她前面的小朋友也将自己的右腿勾在第一个小朋友的腿上,第三个小朋友勾在第二个小朋友的腿上,第四个勾在第三个小朋友的腿上,我勾住第四个小朋友的腿,最后再请第一个小朋友勾住我的腿,便形成了"花篮",但是还没起跳,就有孩子说:"不行啦,我要倒啦!"于是,刚刚编成

的"花篮"一下子就"破"掉了。

（2）我们的"花篮"编不起来的原因。

介绍完游戏玩法后，孩子们开始自己分组尝试编花篮游戏，有几组小朋友"花篮"还没成型，就已经散架了，他们没有放弃，继续把腿脚相互勾起来，好不容易勾住了，刚要开始跳又散了。看到这情况，我来到了欢欢一组，只听欢欢对萱萱说："我先把脚放上去，然后你再用脚勾住。"萱萱连忙点头说："好的。"于是欢欢第一个用脚背勾住了她和萱萱握着的手，接着再叫袁礴、皓宸、谦毅、慕琛将脚轮流架上去，最后欢欢把她的脚勾在慕琛的脚上，并立刻说道："好，这样我们就可以跳了，这次大家坚持住。"她一边说一边带着大家跳了起来，可是刚要跳"花篮"就散掉了，"又要重新开始了。"欢欢无奈地说。就这样一次又一次的尝试，一次又一次的失败……

欢欢丧气地说："老师，这也太难了吧，我们还没勾住就散了，好不容易勾住还没跳又散了，到底该怎么玩呀？"

边上一组的萌萌也附和道："对呀，我们也是这样的，我们是六个人一起编的。"

轩轩说："我们都勾不住，俊豪直接把脚后跟放上去，一会就掉了。"

晨晨说："我们组子皓的脚总是直直的，我们都勾不住，一勾就滑掉。"

慕琛说："我们这次都没按勾脚的次序一个接一个勾，所以一次都没勾成功。"

菲菲说："我是第一个勾脚的，我们前面几个成功勾好了，我再去勾最后一个的脚感觉太难了，因为太重了。"

一一说："我们这组勾住了，但是腿好重啊，我跳不起来。"

（3）怎样让"花篮"编得"牢固"？

看到孩子们失败的样子以及他们提出的问题，我组织孩子们再次讨论："怎样才能让我们的'花篮'变得更牢固呢？"

欢欢第一个举起了手："人少一点编，这样大家单脚站的时间就能短一点。"

萌萌说："可以请一个单脚站最厉害的小朋友先勾脚，然后我们再一个一个把脚放上去。"

我反问道："萌萌的办法真不错，那怎么才能知道哪个小朋友站得最稳呢？"

萌萌说："比一比就知道啦，谁跳的时间最长就选谁。"

我说："萌萌的主意不错，等会可以试试看。"

豪豪说："老师，轩轩说我脚放得不对，我不知道怎么放。"

我一边纠正着豪豪的姿势一边说:"要用脚背勾住后面小朋友的腿,不要用脚跟直接架上去。"

豪豪说:"我知道了,原来要用脚背勾着,哈哈。"

晨晨说:"老师,皓皓的脚伸得直直的,我们勾不住。"

皓皓立刻回答道:"我要伸直了才能勾住你们。"于是,我请这一组上来展示,大家发现,原来是因为皓皓站得太远了所以才够不着。这时,大家明白了要相互间站近一点,离成功就会近一步。

针对一一的问题,涵涵说:"我知道他们为什么不成功了。我们要选身高体重差不多的。"

听了孩子们的讨论,我说:"还有一个很重要的点,我们要齐心协力,一个摔倒了就不会成功。当摔倒时可以寻找东西扶一扶,比如前面小朋友的肩膀等等。编花篮的时候一只脚要勾得紧,另一只脚还要站得稳。只要齐心协力,人数多少都可以编花篮。"

讨论过后,孩子们再次尝试了编花篮,果然比第一次进步很多,他们会相互提醒,加油鼓励,散架了不放弃再重新来。

3. 幼儿的经验与学习。

幼儿对《编花篮》的童谣产生了兴趣,在理解童谣的基础上,学会了"蹲下去、站起来"的横扇方言。通过看视频学习,简单了解编花篮游戏后,幼儿在一次次尝试中,发现问题,如他们在游戏中发现有小朋友的脚伸直了,所以勾不住。同时,在相互讨论中,结合自己在游戏中的问题,积极动脑,解决问题,如他们发现没勾住的原因后,及时让小朋友纠正姿势、紧紧勾住。尽管游戏失败次数居多,但孩子们仍坚持着探索编花篮游戏,合作能力及坚持不放弃的品质渐渐提升,单脚跳的能力也在提高。

4. 教师的思考与支持。

在"编花篮"游戏中,当幼儿屡战屡败时,老师没有急于把解决问题的方法告诉幼儿,因为教师应首先尊重幼儿自己的想法,不以自己的认知去否定他们,进而引导幼儿用自己的办法去协商解决，给予幼儿足够的时间和空间去探究，让幼儿在分享经验、讨论问题的过程中想办法，尝试去找寻正确的答案，只有探索才能引发幼儿主动思考，激发他们的探究欲望，提升他们解决问题的能力。孩子们通过直接感知、实际操作和亲身体验才能更好地自己去解决问题，孩子们自己找到同伴玩，自己发现问题再到自己解决问题，是极大的挑战。在以后的活动中继续为他们提供玩"编花篮"游戏的场地和机会，让他们想更多办法克服困难，鼓励他们参加有助于练习单脚站立或单脚跳的活动，如"金鸡独立""斗鸡"等。在游戏中可以挑选一些好的"榜样"，让小朋友共同学习、模仿、寻找更好的玩法，但玩的同时要注意孩子们的安全。每次游戏只要孩子有进步就要马上给予表扬和奖励，使孩子们对游戏的兴趣不断增强，更好地得到发展。

二、好玩的编花篮游戏

孩子们尝试成功编起花篮后，对编花篮游戏更热爱了，户外活动时常常看到他们玩编花篮。

1.我们成功了。

"上次我单脚跳的时间最长，我先来勾吧。"慕琛对他们组的小朋友说。

萱萱点点头说："好的，你先勾吧。"

"那我们开始吧。"说完慕琛第一个把脚勾起来，让前面的小朋友继续勾，到了后面他准备勾在最后小朋友的腿上时，慕琛急忙喊起来："老师，我快撑不住啦，快来帮我一下。"

我连忙跑过去，用手帮他把腿放上去，"花篮"总算搭好了，他们赶紧跳起来。这次儿歌念完了，他们还没有散架，"我们成功啦！"他们控制不住自己喜悦的心情，告诉了其他小朋友："我们已经成功了，现在我们要跳得更久一些。"其他小朋友都投去了羡慕的眼神，他们用同样的方法玩起了编花篮，让我帮助他们，在我的帮助下孩子们先找到平衡点，然后成功地勾起来。

游戏后，很多孩子都跑过来告诉我："老师，我们今天成功了，我们跳了好久花篮才散掉，我们厉害吧。"

2. 介绍成功的经验。

回到班级后，我让成功的组员进行分享，让他们说说自己成功的经验。

（1）互相帮助才能成功。

慕琛第一个举起手说："我们第一次没有成功，后来我请老师帮我把脚勾在最后一个小朋友的脚后，找到了平衡点，在每次的最后勾腿时我都把站着的腿站得稳稳的，我的脚勾在最后一个小朋友的脚上时，我用和边上小朋友拉着的手把我的脚推到最后小朋友的脚上，这样我们的花篮就编起来了。"

菲菲补充道："对，编好花篮后，我们把勾着的腿勾得紧紧的，我们齐心协力，有个小朋友快倒了时，我们让他搭一下前面小朋友的肩膀。"

（2）人少一点容易成功。

点点说："我们今天是四个人编花篮，所以更容易成功，等我们熟练了可以多一点人。""对！"慕琛自信地说。

（3）对准节奏就可以成功更久。

一旁的芯芯不服气地说："今天我们也成功了，因为我们一组是跟着儿歌的节奏跳的，手和脚是同时进行的，拍一下手跳一下，大家对准节奏后跳的时间就更长了。"

3. 分组比赛编花篮。

在经验分享会上，慕琛提出："我们的时间才长呢！不服气下次我们比比。"芯芯说："好的，下次比，我们才不怕你呢！"就这样孩子们开启了他们的"编花篮"比赛。

民间游戏

（1）为自己的比赛小组取名字。

听说慕琛一组和芯芯一组要进行编花篮比赛，很多孩子都举手也要参加比赛，于是我让他们自己讨论分组，自己给自己的组取名字。

轩轩说："我们还是找上次自己尝试编花篮的分组吧，我觉得这样挺好的。"我摸了摸轩轩的头说："好啊，那你们是什么组呢？"

轩轩做了一个大熊猫稳稳的动作说："我们要站稳一点，跟大熊猫一样稳，所以我们叫大熊猫组。"

芯芯比画了一个爱心说："我们一组齐心协力，就叫爱心组吧。"

萌萌说："我最喜欢小猫了，就叫小猫组吧。"

辰辰说："我们就叫简单点的圈圈组吧。"

涵涵说："我们在编花篮，我们就叫花朵组吧。"

最后，经过孩子们的讨论确定了五组分别是"大熊猫组""爱心组""小猫组""圈圈组"和"花朵组"。

（2）怎么样判断输赢？

确定组后，孩子们怎样才能判断谁赢

谁输呢？

袁礴说："用计时器吧，我学数学时就会用计时器。"

一一说："对，用计时器，计时器上的数字大就表示赢了。"

宸宸说："可是我们有这么多组，有那么多计时器吗？"

我摇摇头说："没有，大家想想还有没有其他更简单的办法？"

爱动脑筋的慕琛说："我们可以根据儿歌来计时判断啊，念的儿歌时间长就赢了，只念了一句肯定输了。"

"慕琛的建议大家同意吗？"我问孩子们。

孩子们异口同声地说："同意！"

（3）比赛开始了。

一场用儿歌来计时的编花篮比赛就这样开始了。孩子们来到我们平时练习的合欢树下，每个小组都手拉手站好了。在我发出"预备开始"的指令后，大家就开始勾脚编成一个个"花篮"，整齐地念起童谣，有的小组念到第二句 "花篮"就"破"了，有的小组坚持到了最后。输了的小组也不服输，还要求再比一次。孩子们无比兴奋，比了一次又一次，都满头大汗了，还是不肯停下来。

4.幼儿的经验与学习。

孩子们经历了"成功玩编花篮—分享成功的经验—进行编花篮比赛"整个过程，所有活动都是根据自己的想法进行的，可以看出大班下学期孩子的能力十分强，创造力也有了很大的提高。在游戏中，他们探索、尝试，遇到困难不轻易放弃，在老师的帮助下最后取得了成功，成功后孩子们控制不住喜悦的心情，欢呼着跳起来，对编花篮游戏的兴趣进一步升温。在最后的比赛中，孩子们自己确定了组员，取了好听的组名，确定了不同的计时方式，培养了竞争意识，体验了游戏带来的挑战与快乐。孩子们互相帮忙，把自己的经验分享给同伴，鼓励同伴，这样和谐、互助的氛围让人感动。在整个活动中，孩子们的记录能力、解决问题的能力、沟通及合作能力都得到了很大的提升。

5. 教师的思考与支持。

编花篮是一种传统的民间游戏，孩子们经过学习、练习、比赛，发现编花篮游戏是一个合作游戏，不仅能提高合作能力，也能提高脚跳能力。孩子们在玩"编花篮"的游戏前，先学会了念童谣《编花篮》，还会自己找好朋友一起玩，接着会和朋友一起学勾脚，会努力坚持住不让自己和朋友倒下来。虽然从游戏开始到结束，孩子们很多次都是以失败告终，但他们还是乐在其中。虽然刚开始游戏时孩子们会觉得一直倒下没有成就感，但是他们选择与同伴一起商量，寻找不让自己一直跌倒的办法。孩子们的每次进步都是他们最大的快乐。在编花篮活动中，孩子们除了创造力、合作能力得到发展之外，还获得了运动、交往等方面的关键经验，并形成了平等合作的良好品质。

三、编出新花样

前几天，孩子们进行了一场激烈的编花篮比赛，于是接下来每次户外活动孩子们总会继续玩这个游戏。

1. 有趣的身体编织。

（1）两个人也能玩编花篮。

晨间活动时，子皓和家浚两个人在一起玩编花篮游戏，他们两个手拉手，每人一条腿架在手臂上，站稳后，边念童谣，边向一个方向跳去，我看到后表扬了他们，两个人听了我的表扬，玩得更起劲了。

（2）用手来编花篮。

一旁的孩子们听到我的表扬，也都纷纷

想其他的玩法。彭岚跑过来对我说:"老师,我们可以用手来编花篮吗?"

我说:"当然可以,我们用身体来编织花篮,哪个部位都可以。"

"好的。"彭岚兴奋地来到了他们组,"我们两手交叉后和边上小朋友拉手,再单脚跳,嘴里也可以念编花篮儿歌。"其他小朋友都听着彭岚的指挥用手进行编花篮游戏。

(3)聚在一起真开心。

孩子们的想法越来越多,几个好朋友一起,你出一个主意,我想一个办法,把编花篮玩出了多种多样的玩法。有孩子用手抬起前一个孩子的脚,一个连着一个,最后围成一个圆圈,编成一个大花篮时,几个好朋友开心地大笑起来。

回到教室,孩子们还在探索花篮的不同编法,三个小女孩用六只手编出了一个小花篮,开心地在一起说着悄悄话。

2.借助工具继续编。

借助自己的身体,孩子们编花篮的样式越来越多。但是他们还是不满足这样的探索,一次在晨练自选区活动时,就有孩子看着各种体育小器械,有了新的想法。

(1)用呼啦圈编花篮。

易辰提出了用呼啦圈来玩编花篮游戏的方法,得到同伴们的认可后,四个好朋友拿了一个呼啦圈，比画一阵后，把四个人的四条腿都放到了呼啦圈里，然后再想办法把呼啦圈勾住，开始玩编花篮游戏。一开始，刚刚跳几下，呼啦圈就掉到地上了，他们很有耐心地把呼啦圈抬起来，小心翼翼地再次用腿勾住，可还是掉下来。

尝试了几次后，有孩子提出要将呼啦圈放到腿弯处，这样就不容易掉下来了。这个办法真好，他们终于成功跳完了整首童谣。

（2）用绑腿带编花篮。

看到有孩子用呼啦圈来编花篮成功后，有的孩子开始模仿起来。

宸宸说："老师，我们要找绑腿的绑带，用它把我们的脚绑在一块，这样我们的脚就编起来了。"听了他的话我找来了绑带，让他们自己去尝试，四个男孩子在绑的过程中，不是这个摔倒就是那个站不稳。宸宸向我求助道："老师，我们绑不起来，你能帮帮我们吗？"我马上按照宸宸的要求将他和同伴的腿绑在了一起。在我的协助下，他们四条腿交替编在一起，另一个脚则进行单脚跳，用绑带编花篮的游戏也开始了。

3.幼儿的经验与学习。

幼儿有主动探索的欲望，更加喜欢和同伴一起尝试新鲜玩法，这次的活动中幼儿自发创造出了不同的玩法，有用身体编织的，有借助辅助物进行编织的，说明他们的好奇心和求知欲比较强烈，他们在室内和户外不断尝试寻找适合游戏的辅助材料，这是孩子们主动探索、学习得来的成果，从中可以看出他们有一定的探索精神，在活动中能够习得创新玩法。

4. 教师的思考与支持。

在幼儿学会了"编花篮"游戏后，教师依然需要支持、引导幼儿进行不同身体部位的编织。教师始终是观察者、支持者、引导者，应当尊重幼儿作为活动主体的地位。教师的放手能够让幼儿更主动地接纳身边的事物，与同伴一起创新、一起寻找辅助物，在这样的创新玩法中他们团结合作，交往能力有了一定的提高。同时，教师在与幼儿的共同活动中体验游戏的快乐，可以和幼儿一起成长。

（陈芳英）

后　记

  构建适合儿童发展的学前教育课程并努力落实，是实现幼儿园培养目标的重要途径，也是贯彻落实《3—6岁儿童学习与发展指南》的重要途径，更是实现学前教育高质量发展的重要途径。

  "什么是幼儿园课程？""幼儿园课程在哪里？""如何追随儿童的兴趣设计课程？""如何将身边的资源开发成为促进幼儿发展、让幼儿获得有益经验的活动？"这些一直是幼儿园老师们面临的问题和挑战。吴江区各幼儿园根据自身实际情况，开启了园本提升、内涵发展、课程建设的实践探索征程。

  十年课程实践，得到了广大幼儿园教师、家长、领导、专家等的关心和支持。十年来，吴江区绘制了幼儿园课程改革蓝图，组建了"学前教育发展共同体"，成立了省内外专家指导团队。在专家沉浸式、伴随式、持续性的指导下，各种问题逐渐有了答案，困惑渐次解开，幼儿园找到了从身边资源入手，追随幼儿兴趣，开展多样化活动，助力幼儿积累有益经验，促进幼儿全面发展的课程建构路径，并在国家级、省级、市级的教学成果奖评选中频频获奖。

  本套丛书是吴江区各幼儿园课程探索的缩影，共十三册，由吴江区鲈乡幼儿园鲈乡园区、鲈乡幼儿园越秀园区、平望幼儿园、盛泽实验幼儿园、芦墟幼儿园、黎里幼儿园、梅堰幼儿园、铜罗幼儿园、青云幼儿园、桃源幼儿园、北厍幼儿园、舜泽幼儿园、横扇幼儿园、八坼幼儿园这十四所幼

儿园合作编写。本套丛书从策划到呈现，离不开负责各册编写的幼儿园教师的实践智慧和无私分享，离不开吴江区其他幼儿园教师的支持和帮助，更离不开虞永平、张春霞、张晗、张斌、苗雪红、胡娟、杨梦萍等团队专家长期以来的精心指导和鼓励。在丛书编写过程中，苏州大学出版社的领导、编辑给予了老师们极大的肯定，虞永平教授更是在百忙中抽出时间为本套丛书作序，张春霞老师在编写中全程悉心指导，在此一并表示衷心的感谢！

　　生逢盛世，奋斗正当时。我们处在大有可为的新时代，在党的二十大精神指引下，吴江幼教人必将扬帆再起航，继续深耕幼教这块沃土，为实现学前教育高质量发展而努力前行！

钱月琴
2023 年 5 月